© 2024, Dale Brown. Tutti i diritti riservati. Nessuna parte di questo documento può essere riprodotta, distribuita o trasmessa in qualsiasi forma o con qualsiasi mezzo, compresi la fotocopia, la registrazione o altri metodi elettronici o meccanici, senza il previo permesso scritto dell'autore, eccetto nel caso di brevi citazioni inserite in recensioni critiche e in determinati altri usi non commerciali permessi dalla legge sul diritto d'autore.

Sommario

Introduzione

- ## La ricerca delle origini: un bisogno universale

La ricerca delle origini è un'esigenza profondamente radicata nell'animo umano, un bisogno universale che trascende le barriere culturali, temporali e geografiche. Questa inesauribile curiosità riguardo alle nostre radici e alla genesi dell'universo che ci circonda rappresenta una costante nella storia dell'umanità, una domanda fondamentale che si è manifestata in ogni epoca e società con una forza e una persistenza sorprendenti.

Questo bisogno di esplorare e comprendere le nostre origini può essere visto come una delle più antiche e innate tendenze umane. Fin dalle prime civiltà, l'uomo ha alzato lo sguardo verso il cielo stellato, si è interrogato sul ciclo della vita e sulla morte, ha osservato la natura circostante con meraviglia e stupore, cercando di trovare un senso e un ordine in quello che appariva come un caos primordiale. Questa ricerca ha dato vita a una ricca tappezzeria di miti, leggende e teorie che tentano di spiegare la creazione del mondo e dell'umanità.

Le narrazioni cosmogoniche, presenti in tutte le culture, sono la testimonianza di questo desiderio di risposte. Dalle intricate mitologie degli antichi egizi e dei Greci, che narravano di dei e dee creatori, alla narrazione biblica della Genesi, dalla cosmologia vedica dell'India antica alle storie della creazione dei popoli indigeni d'America, ogni cultura ha cercato di rispondere al mistero delle nostre origini attraverso il racconto e la simbologia.

Queste storie non sono semplicemente dei tentativi di spiegazione del mondo naturale; esse riflettono anche una profonda comprensione del posto dell'essere umano nell'universo. Attraverso queste narrazioni, le persone hanno cercato non solo di spiegare come è iniziata la vita, ma anche di definire il loro ruolo e scopo all'interno di essa. La creazione non è vista solo come un evento fisico ma anche come un atto dotato di significato profondo, che collega l'individuo a una realtà più ampia e a una catena di esistenza che va oltre la vita quotidiana.

Inoltre, la ricerca delle origini svolge un ruolo cruciale nel modo in cui le comunità si definiscono e comprendono il proprio posto nel mondo. Le storie di creazione fungono da fondamento per sistemi di valori, leggi morali e strutture sociali, offrendo una guida su come vivere in armonia con gli altri e con l'ambiente circostante. Queste narrazioni contribuiscono a formare l'identità collettiva di una società, rafforzando il senso di appartenenza e continuità tra le generazioni.

Nell'era moderna, la ricerca delle origini si estende oltre i confini della mitologia e della religione, abbracciando le scoperte della scienza, dalla teoria del Big Bang alla genetica e all'evoluzione biologica. Questo approccio scientifico ha ampliato in modo significativo la nostra comprensione delle origini dell'universo e della vita sulla Terra, offrendo nuove prospettive su antiche domande. Tuttavia, nonostante i progressi della scienza, il bisogno umano di trovare un significato e un contesto più ampio per la nostra esistenza rimane inalterato.

La ricerca delle origini, quindi, è molto più di una semplice domanda su come tutto è iniziato; è una riflessione continua sull'esistenza umana, sul nostro posto nell'universo e sulle connessioni profonde che ci legano alla vita, alla Terra e al cosmo. È una testimonianza della nostra inesauribile sete di conoscenza e della nostra incessante ricerca di comprensione, un viaggio che, nonostante le molteplici risposte trovate nel corso dei millenni, continua a ispirare, a meravigliare e a sfidare.

- **Varie concezioni del creatore attraverso le culture mondiali**

Esplorare le varie concezioni del creatore attraverso le culture mondiali ci porta in un viaggio attraverso la diversità del pensiero umano, riflettendo come ogni società abbia cercato di comprendere l'origine dell'universo e il significato della vita. Questo mosaico di credenze svela la profondità e la complessità con cui l'umanità ha affrontato le grandi domande esistenziali.

Nelle culture politeiste, come quelle degli antichi egizi o dei Greci, l'origine del mondo è attribuita a un pantheon di divinità, ciascuna con specifici poteri creativi. Queste tradizioni vedono la creazione come un atto collettivo, dove gli dèi collaborano o competono nella modellazione dell'universo.

Al contrario, le religioni monoteistiche come il Cristianesimo, l'Ebraismo e l'Islam presentano un unico Dio onnipotente, l'assoluto creatore di tutto ciò che esiste. Questa visione enfatizza l'unicità e l'onnipotenza divina, stabilendo un rapporto diretto e personale tra il creatore e i credenti.

Parallelamente, alcune filosofie e tradizioni spirituali offrono una prospettiva più astratta e impersonale. Nell'Induismo, ad esempio, il principio creativo del Brahman è visto come la realtà ultima da cui tutto emana, una presenza immanente ma trascendente, senza forma né attributi. Similmente, nel Taoismo, il Tao rappresenta il principio fondamentale e eterno da cui tutto deriva, un concetto che sfida ogni definizione limitata.

Le culture animiste, spesso radicate nelle società indigene, vedono la creazione come un processo vivo e dinamico, mediato da spiriti della natura e forze cosmiche che animano ogni aspetto del mondo naturale. Questa visione sottolinea un profondo senso di connessione e reciprocità tra gli esseri umani e l'ambiente che abitano.

Il sincretismo culturale ha poi generato un tessuto di credenze ancora più ricco, in cui elementi di diverse tradizioni si intrecciano, riflettendo l'interazione e l'influenza reciproca tra popoli e culture lungo i secoli. Queste fusioni di credenze evidenziano la capacità umana di adattare e reinterpretare le concezioni del divino in risposta a nuovi contesti e conoscenze.

Oggi, la comprensione del creatore è influenzata anche dalle scoperte scientifiche e dal dialogo interreligioso, portando molti a cercare un'integrazione tra fede e ragione, tra antiche tradizioni spirituali e nuove comprensioni dell'universo. Questo processo di continua evoluzione riflette il desiderio umano di armonizzare le nostre conoscenze sul mondo con le nostre credenze più profonde.

Le diverse rappresentazioni del creatore, quindi, offrono non solo una panoramica delle risposte umane alle domande fondamentali sull'esistenza, ma anche una testimonianza della nostra incessante ricerca di significato, un viaggio che continua a definire la nostra comprensione di noi stessi e del posto che occupiamo nell'universo.

- **L'importanza della narrazione del creatore nella vita quotidiana**

La narrazione del creatore gioca un ruolo fondamentale nella vita quotidiana, influenzando non solo il modo in cui le persone comprendono il mondo intorno a loro, ma anche come si vedono in relazione a esso. Queste storie, radicate nelle tradizioni religiose, mitologiche e filosofiche, offrono un quadro attraverso il quale individui e comunità interpretano la loro esistenza, trovano conforto di fronte alle incertezze della vita e guidano le loro azioni morali ed etiche.

Al cuore di queste narrazioni c'è la ricerca di significato. In un universo vasto e spesso incomprensibile, le storie del creatore aiutano le persone a trovare un senso di appartenenza e scopo. Forniscono risposte alle domande fondamentali su chi siamo, da dove veniamo e perché esistiamo, offrendo un contesto più ampio entro cui collocare le nostre vite. Questo senso di scopo può essere profondamente rassicurante, offrendo una bussola morale e spirituale che aiuta gli individui a navigare le sfide della loro esistenza.

Le narrazioni del creatore influenzano anche profondamente i valori e le norme sociali. Molte leggi, tradizioni e pratiche etiche hanno radici in storie religiose e mitologiche che delineano il comportamento considerato accettabile o desiderabile. Queste storie possono promuovere valori come l'amore, la giustizia, la compassione e il rispetto per il creato, fungendo da pilastri per la costruzione di comunità coese e solidali.

Inoltre, le narrazioni del creatore forniscono un mezzo attraverso il quale le culture trasmettono la loro eredità e identità alle generazioni future. Le storie di come il mondo è stato creato, e il ruolo degli umani in esso, sono fondamentali per l'educazione dei giovani, insegnando loro non solo sulla loro cultura e religione ma anche su valori universali condivisi.

La spiritualità e la pratica religiosa quotidiana sono anch'esse profondamente influenzate dalle narrazioni del creatore. Le preghiere, i rituali e le cerimonie spesso attingono direttamente da queste storie, permettendo ai credenti di connettersi con il divino e di ricordare e celebrare l'atto della creazione. Queste pratiche possono offrire conforto, speranza e una sensazione di connessione con qualcosa di più grande di sé stessi, specialmente nei momenti di crisi o di perdita.

In un'epoca caratterizzata dall'avanzamento della scienza e dalla secolarizzazione, le narrazioni del creatore continuano a evolversi, trovando nuovi modi per rispondere alle domande esistenziali dell'umanità. La capacità di queste storie di adattarsi e rimanere rilevanti dimostra la loro importanza intrinseca per la comprensione umana del mondo e del nostro posto in esso. Che si tratti di interpretazioni letterali o simboliche, le narrazioni del creatore rimangono un punto di riferimento essenziale per molte persone, offrendo una fonte di ispirazione, guida e conforto nella vita quotidiana.

<h3 style="text-align:center">Fondamenti Psicologici</h3>

- **Teorie psicologiche sulla fede**

La fede, nella sua essenza più ampia, è un fenomeno complesso che si intreccia con le dimensioni cognitive, emotive e sociali dell'essere umano. Le teorie psicologiche sulla fede cercano di esplorare e spiegare come e perché gli individui e le comunità credono, attribuendo significati profondi e variabili alle loro convinzioni. Queste teorie offrono prospettive illuminanti sull'origine, la funzione e l'impatto della fede nella vita umana, abbracciando approcci che vanno dalla psicoanalisi alla psicologia cognitiva, sociale e dello sviluppo.

Psicoanalisi e Fede

Sigmund Freud, il padre della psicoanalisi, interpretava la fede come una forma di illusione nevrotica, un'espressione di desideri inconsci ed infantili di protezione e sicurezza. Per Freud, le figure divine rappresentano proiezioni amplificate dei genitori, offrendo

conforto di fronte alle ansie esistenziali e alla paura della morte.
Carl Jung, d'altra parte, vedeva la fede e la spiritualità come
manifestazioni dell'inconscio collettivo, essenziali per il processo
di individuazione e per il raggiungimento di una completa
realizzazione personale. Jung considerava le credenze religiose
non come illusioni, ma come espressioni simboliche di profonde
verità psicologiche e archetipi universali.

Psicologia Cognitiva della Fede

La psicologia cognitiva si concentra su come le persone
percepiscono, pensano e comprendono il mondo spirituale.
Questo approccio esplora i processi mentali che stanno dietro la
formazione e il mantenimento delle credenze religiose, come
l'attribuzione di cause e significati agli eventi e l'utilizzo di
schemi cognitivi per interpretare esperienze spirituali. Secondo
questa prospettiva, la fede può essere vista come un prodotto
dell'evoluzione cognitiva, che offre vantaggi adattivi come la
coesione sociale e il conforto psicologico.

Psicologia dello Sviluppo e Fede

La psicologia dello sviluppo esamina come la fede si evolve
dall'infanzia all'età adulta, sottolineando il ruolo dell'ambiente,
dell'educazione e delle esperienze personali. James Fowler ha
proposto una teoria delle fasi della fede che descrive come le
persone attraversino diverse fasi di comprensione ed espressione

della fede nel corso della vita, da una visione letterale e concreta a una più astratta e simbolica, riflettendo una maturazione spirituale.

Psicologia Sociale della Fede

La psicologia sociale della fede indaga sulle influenze sociali e culturali sulle credenze religiose, esplorando come le strutture comunitarie, le tradizioni e le norme sociali modellino e sostengano la fede individuale e collettiva. Questo campo studia anche l'impatto della fede sulla formazione dell'identità, sull'appartenenza al gruppo e sul comportamento sociale, evidenziando come la religione possa promuovere solidarietà e supporto reciproco ma anche conflitto e divisione.

Queste diverse prospettive psicologiche offrono un quadro ricco e multidimensionale della fede, evidenziando la sua complessità e il suo profondo intreccio con l'esperienza umana. La fede emerge non solo come una questione di convinzione personale, ma come un fenomeno intricato che tocca ogni aspetto dell'essere umano, dalla nostra psiche più intima alle nostre relazioni con gli altri e il mondo esterno.

- **Psicoanalisi e l'origine della fede**

La psicoanalisi, con i suoi approfondimenti forniti da figure come Sigmund Freud e Carl Jung, esplora le radici profonde della fede, illuminando come le dinamiche psichiche sottostanti influenzino le convinzioni religiose. Questo campo offre una finestra unica sulle complesse interazioni tra bisogni umani, desideri inconsci e la struttura stessa della mente, nel contesto della fede.

Freud: La Fede come Espressione di Bisogni Infantili

Per Sigmund Freud, la fede religiosa è intrinsecamente legata a desideri e paure radicati nell'infanzia. Egli interpreta la credenza in divinità onnipotenti come una proiezione dei bisogni infantili di protezione e sicurezza, originati dalla dipendenza dai genitori. Nelle sue opere, Freud descrive la religione come un tentativo di alleviare l'angoscia esistenziale e di dare risposta alle grandi domande sulla vita, la morte e l'universo, utilizzando però un quadro basato su illusioni che, a suo avviso, ostacola lo sviluppo dell'autonomia e della maturità emotiva.

Jung: La Fede come Collegamento all'Inconscio Collettivo

Carl Jung, da parte sua, offre una visione più positiva e complessa della fede. Contrariamente a Freud, Jung considera le credenze religiose non come illusioni, ma come espressioni vitali dell'inconscio collettivo, il deposito di archetipi e simboli condivisi dall'umanità intera. Per Jung, la religiosità è un veicolo per l'esplorazione di queste dimensioni profonde, un mezzo attraverso il quale gli individui possono intraprendere il viaggio di individuazione, ovvero il processo di integrazione e realizzazione del sé. La fede diventa quindi un percorso verso la comprensione di sé e verso l'unione con aspetti dell'esistenza che vanno oltre la coscienza individuale.

Entrambi i teorici, pur con le loro divergenze, sottolineano l'importanza della fede nella psiche umana. Freud mette in luce come la fede possa servire come meccanismo di difesa per navigare l'incertezza esistenziale, mentre Jung evidenzia il suo ruolo come ponte verso una comprensione più profonda dell'esistenza umana attraverso l'accesso a livelli più profondi della psiche. Queste prospettive offrono un quadro ricco e sfaccettato su come la fede si radica e agisce nella mente umana, evidenziando la sua complessità e il suo impatto profondo sull'esperienza umana.

- **Psicologia cognitiva e la struttura della credenza**

La psicologia cognitiva apre una finestra sul modo in cui formiamo, manteniamo e operiamo attraverso le nostre credenze, inclusa la fede religiosa, gettando luce sui meccanismi mentali che stanno alla base di questi processi. Nell'esplorare la struttura della credenza, ci avventuriamo nel comprendere come le esperienze personali, l'influenza sociale e l'educazione modellano le nostre convinzioni dal nulla, creando sistemi complessi che danno forma alla nostra interpretazione del mondo e alla nostra interazione con esso.

Le credenze si formano attraverso un mix di apprendimento diretto e osservazione, filtrate attraverso il prisma delle nostre esperienze pregresse e della cultura che ci circonda. Una volta radicate, queste credenze sono sostenute e rinforzate da meccanismi come la tendenza a favorire informazioni che confermano ciò che già crediamo e il bisogno di ridurre la tensione che nasce dal mantenere idee contraddittorie, un fenomeno noto come dissonanza cognitiva. Le pratiche comunitarie e i rituali religiosi giocano un ruolo cruciale nel rinforzare queste credenze, creando un ciclo di conferma e rafforzamento.

Queste credenze non stanno in piedi da sole ma fanno parte di una rete più ampia di idee e valori che interagiscono tra loro, influenzando le nostre percezioni e azioni. Le credenze religiose, in particolare, offrono un quadro coerente che aiuta i credenti a navigare questioni complesse di morale, scopo e significato. Questo sistema di credenze è più di un insieme di idee; è una mappa che guida i credenti attraverso la vita, influenzando decisioni, comportamenti e persino il senso di benessere.

Le credenze hanno un impatto significativo su come vediamo e reagiamo al mondo intorno a noi, motivando azioni che riflettono valori e norme specifici. Attraverso il processo di formazione e mantenimento delle credenze, possiamo vedere come le visioni religiose e spirituali diventano parte integrante dell'esperienza umana, profondamente radicate nella nostra psiche e influenzando ogni aspetto della nostra vita.

In questo modo, la psicologia cognitiva ci fornisce gli strumenti per capire la complessità delle nostre convinzioni religiose, svelando i processi attraverso i quali queste visioni del mondo prendono forma, persistono nel tempo e guidano il nostro cammino nella vita, mostrando il profondo legame tra mente, fede e azione.

- **Bisogni umani e spiritualità**

I bisogni umani e la spiritualità sono profondamente intrecciati, riflettendo come la ricerca di significato, scopo e connessione trascenda le necessità materiali per toccare le dimensioni più profonde dell'esperienza umana. Questo legame tra bisogni e spiritualità si manifesta in vari modi, influenzando il benessere individuale, le relazioni interpersonali e la percezione della propria vita e del mondo circostante.

Al centro di questa intersezione ci sono i bisogni fondamentali descritti da Abraham Maslow, tra cui quelli di appartenenza, stima e, in particolare, autorealizzazione. Quest'ultimo rappresenta il bisogno di realizzare il proprio potenziale massimo e di trovare un profondo senso di realizzazione personale. La spiritualità spesso entra in gioco come una via per soddisfare questi bisogni superiori, offrendo percorsi verso l'autocomprensione, l'espressione di sé e l'armonia interiore.

La spiritualità può fornire un senso di appartenenza più ampio, collegando l'individuo a una comunità di credenti o a una realtà trascendente che supera i confini dell'esistenza fisica. Questo senso di connessione può offrire conforto, ridurre la sensazione di isolamento e promuovere un sentimento di pace e sicurezza interiore. Inoltre, le pratiche spirituali come la meditazione, la preghiera o la partecipazione a cerimonie religiose possono migliorare la consapevolezza di sé e favorire un senso di equilibrio e benessere.

La ricerca di significato è un altro bisogno umano fondamentale che la spiritualità aiuta a soddisfare. Di fronte all'incertezza della vita e alla prospettiva della mortalità, le credenze e le pratiche spirituali offrono spiegazioni che danno senso all'esistenza, alla sofferenza e alla gioia. Queste narrazioni possono aiutare le persone a navigare le sfide della vita, fornendo una bussola morale e etica e ispirando azioni e decisioni che riflettono valori profondi.

Inoltre, la spiritualità può svolgere un ruolo cruciale nel processo di autorealizzazione, incoraggiando l'individuo a esplorare e sviluppare i propri talenti unici, a perseguire i propri obiettivi e a contribuire al benessere degli altri. Questo aspetto della spiritualità non solo soddisfa il bisogno di crescita personale ma rafforza anche il senso di appartenenza e contributo a qualcosa di più grande di sé stessi.

In conclusione, i bisogni umani e la spiritualità sono intimamente connessi, con la spiritualità che offre risposte ai bisogni psicologici profondi di significato, connessione e crescita. Attraverso questa interazione, la spiritualità diventa una dimensione essenziale dell'esistenza umana, arricchendo la vita con profondità, scopo e direzione.

- **Maslow e la gerarchia dei bisogni**

La teoria della gerarchia dei bisogni, proposta dallo psicologo Abraham Maslow negli anni '40, offre una visione strutturata su come i bisogni umani influenzino la motivazione e il comportamento. Secondo Maslow, i bisogni umani sono organizzati in una gerarchia a piramide, con i bisogni più fondamentali alla base e i bisogni più elevati al vertice. Gli individui sono motivati a soddisfare i bisogni più bassi prima di poter aspirare a quelli più alti. Questa gerarchia è comunemente suddivisa in cinque livelli principali: bisogni fisiologici, bisogni di sicurezza, bisogni di appartenenza e amore, bisogni di stima e, infine, il bisogno di autorealizzazione.

Bisogni Fisiologici

Alla base della piramide si trovano i bisogni fisiologici, che includono necessità come cibo, acqua, riposo e alloggio. Questi bisogni rappresentano le esigenze più elementari per la sopravvivenza fisica. Quando questi bisogni non sono soddisfatti, la capacità di perseguire bisogni di livello superiore può essere compromessa.

Bisogni di Sicurezza

Al secondo livello, ci sono i bisogni di sicurezza, che riguardano la ricerca di protezione da elementi pericolosi, la stabilità finanziaria, la salute e il benessere. Questi bisogni riflettono il desiderio di vivere in un ambiente sicuro e prevedibile.

Bisogni di Appartenenza e Amore

Il terzo livello è rappresentato dai bisogni di appartenenza e amore, che includono amicizie, relazioni intime e legami familiari. Questi bisogni evidenziano l'importanza delle relazioni sociali e dell'appartenenza a gruppi, sottolineando come gli esseri umani siano profondamente sociali e abbiano bisogno di sentirsi accettati e amati.

Bisogni di Stima

I bisogni di stima occupano il quarto livello della gerarchia. Questi bisogni si riferiscono al desiderio di essere rispettati, di avere successo e di ottenere il riconoscimento dagli altri. La stima può provenire sia dall'interno, sotto forma di autostima, sia dall'esterno, attraverso il riconoscimento e il rispetto altrui.

Bisogno di Autorealizzazione

Alla cima della piramide si trova il bisogno di autorealizzazione, che Maslow descrive come il desiderio di realizzare il proprio potenziale e di diventare la persona che si è destinati a essere. Questo livello riguarda la crescita personale, l'espressione creativa, la ricerca di obiettivi personali e la realizzazione delle proprie capacità uniche.

Maslow sostiene che, man mano che i bisogni di un livello inferiore vengono soddisfatti, gli individui possono rivolgere la loro attenzione ai bisogni di livelli superiori. Tuttavia, la progressione non è sempre lineare; le persone possono muoversi avanti e indietro tra i livelli in base alle circostanze della vita e ai cambiamenti nelle loro esigenze.

La gerarchia dei bisogni di Maslow ha esercitato un'influenza significativa in vari campi, dalla psicologia alla gestione aziendale, fornendo un quadro utile per comprendere la motivazione umana e per promuovere il benessere individuale e collettivo.

- **La ricerca di significato e appartenenza**

La ricerca di significato e appartenenza è intrinsecamente legata alla condizione umana, guidando le nostre aspirazioni più profonde e influenzando ogni aspetto della nostra vita. Questo impulso a cercare uno scopo va oltre la mera sopravvivenza, spingendoci verso domande più ampie su chi siamo e perché esistiamo, e ci invita a esplorare i confini della spiritualità, della creatività e delle relazioni interpersonali per trovare risposte. In questo viaggio, il significato che cerchiamo e l'appartenenza che desideriamo si intrecciano, rivelando come uno possa alimentare e arricchire l'altro.

Al cuore di questa ricerca c'è il bisogno di appartenenza, un bisogno che riflette la nostra natura sociale e il desiderio di connetterci con gli altri su un piano profondo. Le comunità, le amicizie e le relazioni che costruiamo offrono un senso di sicurezza, accettazione e supporto, giocando un ruolo vitale nel nostro benessere emotivo e psicologico. Queste connessioni ci permettono di condividere esperienze, crescere insieme e sentirsi parte di qualcosa di più grande.

Allo stesso tempo, la ricerca di significato ci spinge a impegnarci in attività che riflettono i nostri valori più profondi, a perseguire obiettivi che sentiamo importanti e a contribuire al mondo in modi che risonano con la nostra visione unica della vita. Questo percorso verso l'autorealizzazione ci aiuta a scoprire e a esprimere le nostre potenzialità più elevate, offrendoci un profondo senso di soddisfazione e scopo.

Queste due ricerche, di significato e di appartenenza, si alimentano a vicenda, creando un ciclo di crescita personale e di connessione. Attraverso questo processo, impariamo a comprendere meglio noi stessi e il mondo intorno a noi, trovando il nostro posto unico nell'intreccio della vita umana. Questo viaggio, arricchito da sfide e scoperte, è essenziale per definire la nostra identità, plasmare le nostre relazioni e influenzare il nostro contributo alla società.

La Visione Scientifica

- **Cosmologia e il concetto di creazione**

La cosmologia e il concetto di creazione occupano una posizione unica all'intersezione tra scienza, filosofia e spiritualità, esplorando le origini e la struttura fondamentale dell'universo. Questo campo di studio si estende dalle antiche narrazioni cosmogoniche fino alle moderne teorie scientifiche, come quella del Big Bang, che cerca di spiegare come l'universo sia emerso da uno stato di densità e temperatura estremamente elevata.

La cosmologia scientifica utilizza i principi della fisica per comprendere la nascita, l'evoluzione e il possibile destino dell'universo. Con il sostegno di osservazioni astronomiche ed esperimenti, gli scienziati hanno sviluppato modelli che descrivono l'espansione dell'universo, la distribuzione della materia e dell'energia oscura, e la formazione delle galassie e delle strutture su larga scala. Questi sforzi hanno portato a significative comprensioni sull'ordine e il caos nell'universo, rivelando un cosmo che segue leggi fisiche precise, anche nelle sue manifestazioni più caotiche e disordinate.

Parallelamente, la relazione tra scienza e religione ha attraversato diverse fasi, da periodi di conflitto aperto a momenti di dialogo e reciproca ispirazione. La tensione tra queste visioni del mondo emerge particolarmente nel dibattito sulla creazione, dove le spiegazioni religiose e scientifiche dell'origine dell'universo possono sembrare incompatibili. Tuttavia, molti hanno cercato vie di coesistenza, suggerendo che scienza e spiritualità possono offrire prospettive complementari sulla realtà, ciascuna con il proprio ambito di domande e risposte.

Nel XXI secolo, la discussione si è arricchita ulteriormente con il crescente interesse per la neuroteologia, che esplora come le esperienze spirituali e religiose siano correlate a specifici pattern di attività cerebrale. Questo campo di ricerca suggerisce che la spiritualità può essere profondamente radicata nella biologia umana, offrendo nuove prospettive su come la fede e la percezione del divino siano esperienze umane universali, forse legate alla struttura stessa del nostro cervello.

In questo contesto, la cosmologia, intesa sia come scienza che, come elemento della narrazione spirituale, continua a ispirare l'umanità nella sua ricerca di significato. Offre uno spazio in cui scienza e spiritualità possono dialogare, stimolando domande profonde sull'esistenza, sull'origine dell'universo e sul nostro posto nel cosmo. Questa interazione arricchisce entrambe le prospettive, invitando a un'esplorazione continua che va oltre i confini della conoscenza attuale, alla ricerca di una comprensione più integrata e olistica della realtà.

- **Big Bang e teorie sull'universo**

La teoria del Big Bang rappresenta uno dei pilastri fondamentali della cosmologia moderna, descrivendo l'origine dell'universo come un'espansione da uno stato inizialmente caldissimo e densissimo, avvenuta circa 13,8 miliardi di anni fa. Questo modello fornisce una spiegazione scientifica alla formazione dell'universo, offrendo una base per comprendere non solo come l'universo sia nato, ma anche come si sia evoluto nel tempo.

Secondo la teoria del Big Bang, l'universo iniziò da una singolarità, un punto di densità infinita e temperatura estrema, da cui iniziò ad espandersi. Questa espansione ha portato al raffreddamento dell'universo, permettendo la formazione delle particelle subatomiche, degli atomi e, successivamente, delle stelle e delle galassie. Le evidenze a sostegno di questa teoria includono la radiazione cosmica di fondo, un'eco termica dell'esplosione iniziale, e la distribuzione a grande scala delle galassie, che mostra l'espansione dell'universo nel tempo.

Le teorie sull'universo non si fermano alla narrazione del Big Bang. Gli scienziati continuano a esplorare questioni fondamentali riguardanti la materia oscura, l'energia oscura e la possibile esistenza di universi multipli o di dimensioni aggiuntive oltre le quattro conosciute (tre spaziali e una temporale). La materia oscura è una forma di materia che non emette luce né radiazioni e che, pertanto, non può essere osservata direttamente, ma la cui presenza è inferita dagli effetti gravitazionali che esercita su oggetti visibili come le galassie. L'energia oscura, d'altra parte, è un misterioso componente che sembra essere responsabile dell'accelerazione dell'espansione dell'universo, un fenomeno che va oltre le previsioni basate sulla sola gravità newtoniana ed einsteiniana.

Le teorie sull'universo si estendono anche al concetto di multiverso, l'idea che il nostro universo sia solo uno in un insieme quasi infinito di universi, ciascuno con le proprie leggi fisiche. Sebbene queste idee rimangano al confine tra la speculazione e la scienza consolidata, esse stimolano discussioni e ricerche che potrebbero un giorno ampliare radicalmente la nostra comprensione della realtà.

In questo contesto, la scienza moderna presenta una visione dell'universo che è sia affascinante che complessa, mettendo in luce la nostra continua ricerca di conoscenza e comprensione. La teoria del Big Bang e le successive indagini sull'universo non solo ci offrono spiegazioni su come l'universo possa aver avuto origine e come si sia evoluto, ma ci spingono anche a riflettere sul nostro posto nel cosmo e sulla natura stessa della realtà.

- **Ordine e caos: la fisica dietro l'universo**

La dualità tra ordine e caos è un tema centrale nella fisica che descrive l'universo, riflettendo come strutture complesse e pattern ordinati emergano da condizioni iniziali che possono sembrare casuali o caotiche. Questa interazione tra ordine e caos si manifesta in vari ambiti della fisica, dalla meccanica quantistica alla termodinamica, fino alla teoria del caos e alla cosmologia, offrendo una prospettiva affascinante sulla natura intrinsecamente dinamica dell'universo.

Meccanica Quantistica e l'Intricato Ordine dell'Infinitamente Piccolo

La meccanica quantistica, che esplora il comportamento delle particelle subatomiche, rivela un mondo dove l'ordine e il caos coesistono in modi non intuitivi. Fenomeni come l'entanglement quantistico e il principio di indeterminazione di Heisenberg mostrano come l'ordine a livello quantistico sia governato da leggi probabilistiche, piuttosto che deterministiche, introducendo un elemento di "caos" nel comportamento delle particelle che, tuttavia, segue regole precise e prevedibili.

Termodinamica e l'Emergere dell'Ordine dal Caos

La termodinamica, con il suo studio sui sistemi energetici e sul loro equilibrio, illustra come l'ordine possa emergere dal caos attraverso processi naturali. Il secondo principio della termodinamica, che afferma l'aumento dell'entropia, o del "disordine", in un sistema isolato, sembra suggerire una marcia inesorabile verso il caos. Tuttavia, in sistemi aperti che scambiano energia con l'ambiente, possono formarsi strutture altamente ordinate, come le stelle, i pianeti e persino la vita stessa, dimostrando come l'ordine possa nascere da condizioni inizialmente disordinate.

Teoria del Caos e la Sensibilità alle Condizioni Iniziali

La teoria del caos, che studia sistemi dinamici altamente sensibili alle loro condizioni iniziali, offre un altro esempio di come ordine e caos siano interconnessi. In sistemi caotici come il tempo atmosferico o le dinamiche della popolazione, piccole variazioni nelle condizioni di partenza possono portare a risultati enormemente diversi, un fenomeno noto come "effetto farfalla". Questa sensibilità rivela un ordine sottostante anche nei sistemi che appaiono esteriormente caotici, con pattern frattali e altre strutture complesse che emergono da regole semplici.

Cosmologia e l'Architettura dell'Universo

In ambito cosmologico, l'ordine e il caos giocano ruoli cruciali nella formazione e nell'evoluzione dell'universo. Dall'apparente caos del Big Bang sono emerse strutture ordinate come galassie, stelle e sistemi planetari, seguendo le leggi fondamentali della fisica. Queste leggi, che governano la gravità, le forze nucleari e l'elettromagnetismo, guidano l'evoluzione cosmica dall'origine caotica verso un universo caratterizzato da ordine su scale immense.

La fisica dietro l'universo svela, quindi, un tessuto riccamente intrecciato di ordine e caos, dove la complessità emerge da regole fondamentali e semplici. Questa dinamica tra ordine e caos non solo definisce la struttura dell'universo ma invita anche a riflessioni più profonde sulle leggi che governano la realtà e sul nostro posto nell'ordine cosmico.

- **Scienza vs. religione?**

Il dibattito tra scienza e religione affonda le sue radici nella profonda divergenza tra due modi di indagare e comprendere la realtà. Mentre la scienza procede attraverso l'osservazione empirica e il ragionamento logico per svelare i meccanismi che regolano l'universo, la religione si fonda sulla fede e sulle tradizioni spirituali per esplorare il significato più profondo dell'esistenza umana e del cosmo. Questa apparente contrapposizione ha dato vita a storici conflitti ma ha anche aperto la strada a dialoghi fecondi, rivelando possibilità di integrazione e reciproco arricchimento.

Nella storia, episodi come il processo a Galileo e le controversie sull'evoluzionismo hanno evidenziato i momenti di tensione tra la chiesa e la comunità scientifica, quando le scoperte scientifiche sembravano minacciare le interpretazioni letterali dei testi sacri. Tuttavia, molti pensatori, sia scienziati che religiosi, hanno sottolineato che scienza e religione indagano ambiti differenti dell'esperienza umana: la scienza si concentra su come avvengono i fenomeni naturali, mentre la religione si interroga sui motivi ultimi e sul significato dell'esistenza.

Questa distinzione ha aperto la strada a una visione più complementare, in cui la capacità della scienza di disvelare le meraviglie dell'universo può suscitare un senso di stupore e reverenza che rafforza la ricerca spirituale. Allo stesso modo, la religione può offrire una cornice etica e valoriale in cui inserire le scoperte scientifiche, promuovendo una riflessione sulle implicazioni morali del progresso tecnologico e scientifico.

Approcci contemporanei, come la neuroteologia, che esamina gli effetti delle esperienze spirituali sul cervello umano, dimostrano che scienza e fede possono convergere in un'indagine congiunta sui misteri dell'esistenza umana e del cosmo. In questo senso, il dialogo tra scienza e religione non è solo possibile ma può essere fonte di arricchimento reciproco, offrendo prospettive diverse ma complementari sulla complessità del mondo e sulla nostra ricerca di senso.

In definitiva, la strada verso un'integrazione tra scienza e religione richiede apertura, rispetto e la volontà di esplorare terre incognite sia della conoscenza che dello spirito. Riconoscendo che entrambi gli approcci contribuiscono alla nostra comprensione dell'universo in modi unici e preziosi, possiamo avanzare verso una visione più olistica dell'esistenza, dove la sete di conoscenza e la ricerca di significato procedono fianco a fianco.

- **Conflitti storici e dialoghi**

Il rapporto tra scienza e religione, segnato da momenti di netto contrasto ma anche da fasi di fertile dialogo, riflette la tensione e l'armonia tra due diverse vie di ricerca del significato e della verità. Emblematico di questa dinamica è il caso di Galileo Galilei, la cui difesa del sistema eliocentrico nel XVII secolo sfidò le concezioni geocentriche sostenute dalla Chiesa, portandolo a un confronto diretto con l'autorità religiosa dell'epoca. Questo episodio simbolizza la lotta per la libertà di indagine scientifica di fronte a interpretazioni religiose letterali.

Analogamente, il dibattito sull'evoluzionismo sollevato dalle teorie di Darwin ha messo in luce le tensioni generate dall'applicazione di interpretazioni letterali dei testi sacri alla comprensione del mondo naturale, un confronto che continua a influenzare il dialogo tra scienza e fede.

Nonostante questi momenti di conflitto, la storia offre numerosi esempi di tentativi di riconciliazione e integrazione tra i due campi. Figure come San Tommaso d'Aquino hanno cercato di armonizzare ragione e fede, mentre iniziative più moderne, come il concilio Vaticano II, hanno marcato momenti di apertura e riconoscimento del valore dell'indagine scientifica da parte della Chiesa Cattolica, promuovendo un dialogo costruttivo tra questi due mondi apparentemente distanti.

In tempi recenti, il crescente interesse per il dialogo tra scienza e religione ha portato alla creazione di piattaforme dedicate all'esplorazione delle loro intersezioni, riconoscendo che entrambi gli ambiti possono offrire contributi unici alla comprensione della realtà umana e universale. Queste iniziative sottolineano la possibilità di una collaborazione tra scienza e fede nell'affrontare questioni etiche emergenti e nel promuovere una visione più olistica dell'esistenza.

In questo contesto evolutivo, il rapporto tra scienza e religione si presenta come un terreno dinamico, dove il confronto storico e il dialogo attuale si intrecciano in un percorso complesso. Questa interazione suggerisce che, pur mantenendo le loro distinzioni metodologiche ed epistemologiche, scienza e religione possono coesistere e collaborare, arricchendo reciprocamente la nostra ricerca di conoscenza e significato.

- ## **Coesistenza di scienza e spiritualità nel XXI secolo**

La coesistenza di scienza e spiritualità nel XXI secolo riflette un panorama culturale e intellettuale in continua evoluzione, dove le frontiere tra conoscenza empirica e ricerca spirituale diventano sempre più permeabili. In questo secolo, caratterizzato da rapidi progressi scientifici e tecnologici insieme a una rinnovata ricerca di significato e connessione spirituale, emerge un dialogo più maturo e profondo tra questi due ambiti della conoscenza umana.

L'interesse crescente per la neuroscienza e la psicologia della religione è un esempio significativo di come la scienza stia esplorando domini tradizionalmente considerati di pertinenza della spiritualità. Questi studi si concentrano su come pratiche spirituali come la meditazione, la preghiera e il rituale influenzino il cervello e il benessere psicologico, offrendo spunti su come la spiritualità possa avere radici profonde nella biologia e nella psicologia umana.

Parallelamente, molte tradizioni spirituali e religiose stanno incorporando le scoperte scientifiche nella loro comprensione del mondo, riconoscendo che la scienza offre strumenti potenti per esplorare l'universo e la vita umana. Questo approccio aperto e inclusivo permette una fusione di sapere che arricchisce sia la pratica spirituale che la ricerca scientifica, promuovendo una visione olistica dell'esistenza.

La sostenibilità ambientale è un altro campo in cui scienza e spiritualità trovano un terreno comune nel XXI secolo. La crisi ecologica globale ha stimolato una riflessione congiunta sulla nostra relazione con il pianeta, dove la scienza fornisce dati e analisi sull'impatto delle attività umane sull'ambiente, mentre la spiritualità offre una cornice etica e valoriale che sottolinea la responsabilità verso la Terra come nostro ambiente condiviso e sacro.

Inoltre, il dialogo interreligioso e la collaborazione tra comunità di fede diverse e la comunità scientifica stanno diventando sempre più comuni, con l'obiettivo di affrontare questioni globali come la povertà, la salute e l'istruzione. Queste partnership dimostrano che, quando scienza e spiritualità lavorano insieme, possono emergere soluzioni innovative e comprensive ai problemi che affrontiamo come società.

Nel XXI secolo, quindi, assistiamo a un allentamento delle tensioni storiche tra scienza e spiritualità, favorendo una coesistenza che valorizza sia il rigore empirico che la profondità spirituale. Questo periodo di convergenza sottolinea la possibilità di un arricchimento reciproco, dove scienza e spiritualità possono collaborare per ampliare la nostra comprensione dell'universo e per promuovere il benessere umano su scala globale.

Neuroteologia: Dove Scienza e Spiritualità si Incontrano

- **Il cervello spirituale**

Nell'ambito delle ricerche sulle intersezioni tra neuroscienze e spiritualità, il concetto del "cervello spirituale" si rivela sempre più come un campo affascinante che illumina la biologia delle esperienze spirituali. Questo approccio, noto come neuroteologia, svela che le esperienze di profonda spiritualità, come la meditazione, la preghiera o momenti di intensa connessione religiosa, sono radicate nelle specifiche dinamiche neurali del cervello umano. Utilizzando strumenti avanzati come la risonanza magnetica funzionale e l'elettroencefalografia, gli scienziati hanno mappato le aree cerebrali che si animano o si placano durante queste pratiche, offrendo una finestra sulle basi neurali della trascendenza e del misticismo.

Le ricerche indicano che parti del cervello come il lobo temporale e il lobo parietale, noti per il loro ruolo nella percezione del sé e nella costruzione della realtà spaziale, mostrano modelli di attività alterati che possono essere collegati alla sensazione di unità con l'universo o alla percezione di presenze divine. Questo ci suggerisce che la nostra capacità di vivere momenti di profonda connessione spirituale è innata, un aspetto fondamentale della nostra neurologia.

Inoltre, queste scoperte aprono nuove prospettive sulle implicazioni delle pratiche spirituali per il benessere. La meditazione, la preghiera e altre forme di devozione non solo arricchiscono la vita spirituale degli individui ma possono anche portare benefici misurabili alla salute mentale e fisica. Gli effetti positivi includono la diminuzione dello stress, il miglioramento dell'equilibrio emotivo e una generale sensazione di benessere, tutti collegati a cambiamenti specifici nell'attività cerebrale.

Questo dialogo in espansione tra la scienza e la spiritualità sfida la percezione tradizionale della fede e della religiosità come entità separate dal mondo empirico e razionale, evidenziando invece come le pratiche spirituali siano profondamente intrecciate con la nostra essenza biologica. Riconoscendo che la spiritualità ha radici nella struttura del nostro cervello, possiamo iniziare a vedere la ricerca spirituale non solo come una questione di fede personale o culturale ma come un aspetto universale dell'esperienza umana, suscettibile di indagine scientifica.

Mentre il XXI secolo procede, il crescente corpo di ricerche sul "cervello spirituale" promette di arricchire ulteriormente la nostra comprensione di come le dimensioni spirituali della vita influenzino la mente e il corpo. Queste scoperte invitano a un'indagine più profonda sulle potenzialità della spiritualità come risorsa per il benessere, offrendo una visione più completa dell'essere umano che abbraccia tanto la sua complessità biologica quanto la sua aspirazione alla trascendenza.

- **Studi sull'attività cerebrale durante esperienze spirituali**

L'esplorazione dell'attività cerebrale durante le esperienze spirituali sta aprendo nuovi orizzonti nelle neuroscienze, gettando luce su come momenti di profonda connessione spirituale siano radicati nella nostra biologia. Utilizzando tecniche di imaging avanzate come la risonanza magnetica funzionale e l'elettroencefalografia, i ricercatori hanno potuto osservare in diretta le aree del cervello che si attivano o si disattivano durante pratiche come la meditazione e la preghiera, rivelando la complessa rete neurale dietro le nostre esperienze mistiche.

Una delle scoperte più intriganti è la diminuzione dell'attività nel lobo parietale durante tali esperienze, collegata alla perdita dei confini del sé e a una sensazione di fusione con l'universo. Questo fenomeno offre un'interpretazione neurologica a quello che molti descrivono come un'esperienza di trascendenza o di connessione spirituale profonda. Allo stesso tempo, l'aumento dell'attività in aree del lobo frontale sottolinea l'importanza della concentrazione e dell'intenzionalità nelle pratiche spirituali, indicando che la focalizzazione mentale è un aspetto chiave di queste esperienze.

Oltre a decifrare le basi neurali delle esperienze spirituali, la ricerca sta anche indagando come queste pratiche influenzino il benessere generale. Regolare impegno in attività spirituali è stato collegato a miglioramenti nella gestione dello stress e nell'equilibrio emotivo, suggerendo un potenziale ruolo terapeutico per la spiritualità nella salute mentale. Questi effetti positivi, misurabili attraverso cambiamenti nell'attività cerebrale, evidenziano come la spiritualità possa agire come un supporto vitale per il nostro benessere psicofisico.

Nonostante questi progressi, la ricerca sulle correlazioni tra spiritualità e attività cerebrale affronta sfide metodologiche, dovute alla natura soggettiva e profondamente personale delle esperienze spirituali. La difficoltà di standardizzare le condizioni di studio e la varietà di pratiche spirituali richiedono un approccio cauto e multidisciplinare per una comprensione completa.

Guardando al futuro, il campo della neuroteologia promette di approfondire ulteriormente il nostro intuito sulle interazioni tra mente, corpo e spirito, esplorando le implicazioni a lungo termine delle pratiche spirituali sulla neuroplasticità e il funzionamento generale del cervello. Questi studi non solo potrebbero arricchire la nostra comprensione della dimensione spirituale dell'essere umano ma anche offrire nuove prospettive per integrare la spiritualità nelle pratiche di benessere, promuovendo un approccio alla salute che considera l'individuo nella sua interezza.

- **Effetti della meditazione e della preghiera sul cervello**

La meditazione e la preghiera, pratiche spirituali radicate in molteplici culture e tradizioni religiose, hanno dimostrato di avere effetti significativi sul cervello, offrendo spunti affascinanti sulle interazioni tra spiritualità e neuroscienze. Queste pratiche non solo influenzano lo stato mentale e emotivo degli individui ma anche inducono cambiamenti misurabili nell'attività cerebrale, evidenziando il potere della mente umana di influenzare il proprio funzionamento biologico.

Studi neuroscientifici hanno rivelato che la meditazione e la preghiera possono portare a una riduzione dell'attività nelle aree del cervello associate allo stress e all'ansia, come l'amigdala, contribuendo a un senso di calma e benessere. Queste pratiche stimolano anche l'attivazione di regioni legate alla consapevolezza, all'attenzione focalizzata e alla compassione, come il lobo frontale e la corteccia prefrontale, facilitando una maggiore capacità di gestire lo stress e di rispondere in modo più equilibrato alle sfide quotidiane.

Uno degli effetti più notevoli della meditazione a lungo termine è l'aumento della densità della materia grigia in aree del cervello responsabili per la memoria, l'autoconsapevolezza e la regolazione emotiva, suggerendo che queste pratiche possano contribuire al miglioramento delle funzioni cognitive e alla salute mentale. La preghiera, similmente, è stata associata a cambiamenti nell'attività delle onde cerebrali, promuovendo stati di rilassamento profondo e potenziando la resilienza emotiva.

Inoltre, la pratica regolare di meditazione e preghiera ha dimostrato di migliorare la connettività funzionale tra diverse regioni cerebrali, promuovendo un'integrazione maggiore del cervello. Questo può tradursi in una migliore capacità di sintesi tra pensiero razionale ed emotivo, arricchendo l'esperienza umana con una maggiore armonia interiore e una visione più olistica della vita.

Questi effetti neurobiologici delle pratiche spirituali sottolineano il potenziale terapeutico della meditazione e della preghiera come strumenti non farmacologici per il trattamento di condizioni legate allo stress e all'ansia, oltre a offrire vie di crescita personale e spirituale. La ricerca in questo campo continua a espandere la nostra comprensione di come la spiritualità influenzi profondamente il cervello e il corpo, aprendo nuove possibilità per integrare queste antiche pratiche nelle moderne strategie di benessere.

- **Implicazioni della neuroteologia**

La neuroteologia esplora le connessioni tra le pratiche religiose e spirituali e la loro manifestazione nel cervello, offrendo una nuova lente attraverso cui esaminare l'intreccio tra fede e biologia. Questo campo di studio, situato all'intersezione delle neuroscienze e della teologia, ha iniziato a rivelare come la spiritualità non sia solo una questione di convinzioni culturali o personali, ma possa anche avere radici profonde nella struttura e nel funzionamento del cervello umano. Gli studi in questo ambito mostrano come la meditazione, la preghiera e altre pratiche spirituali possano influenzare direttamente l'attività cerebrale, portando a cambiamenti misurabili che hanno implicazioni significative sia per la nostra comprensione dell'esperienza umana sia per il benessere individuale.

La ricerca in neuroteologia non solo sfuma i confini tra scienza e religione, ma apre anche un dialogo fruttuoso che permette di indagare questioni profonde riguardanti la coscienza, l'identità e il significato esistenziale da una prospettiva multidisciplinare. Questo dialogo arricchisce sia il campo scientifico che quello spirituale, promuovendo una visione più olistica dell'esistenza umana che rispetta la complessità delle nostre ricerche di significato.

Al contempo, gli studi sulle basi neurali delle esperienze spirituali offrono nuovi spunti sui potenziali benefici delle pratiche religiose e meditative per la salute mentale e fisica. La capacità di ridurre lo stress, migliorare l'equilibrio emotivo e promuovere il benessere generale attraverso la meditazione o la preghiera evidenzia il potere della spiritualità come strumento di guarigione e di crescita personale. Queste scoperte aprono la porta a innovative modalità terapeutiche che integrano dimensioni spirituali nel trattamento di disturbi psicologici, sottolineando l'importanza di considerare l'essere umano nella sua interezza.

Tuttavia, la neuroteologia solleva anche importanti questioni etiche e filosofiche riguardo alla libera volontà, all'autenticità delle esperienze spirituali e alle implicazioni di poter influenzare tali esperienze attraverso interventi biologici. La sfida sta nel navigare questi temi complessi con cura e rispetto per la vasta gamma di esperienze e credenze spirituali, assicurando che la ricerca nel campo sia condotta con integrità e sensibilità.

In sintesi, la neuroteologia rappresenta un'entusiasmante frontiera di ricerca che non solo approfondisce la nostra comprensione delle radici neurali della spiritualità ma incoraggia anche un approccio più inclusivo e comprensivo verso la ricerca del benessere, evidenziando l'importanza intrinseca delle dimensioni spirituali nella vita umana.

- **Fede come esperienza neurale**

L'idea che la fede possa essere considerata un'esperienza neurale
lancia una sfida intrigante alle tradizionali comprensioni delle
esperienze spirituali, collocandole fermamente nel dominio
dell'esplorazione neurobiologica. Questo approccio non solo
evidenzia come momenti di profonda spiritualità e connessione
religiosa siano accompagnati da specifici pattern di attività
cerebrale ma apre anche una nuova dimensione di dialogo tra la
scienza e la dimensione spirituale dell'esistenza umana.
Attraverso gli studi nel campo emergente della neuroteologia, si è
iniziato a osservare come pratiche come la meditazione e la
preghiera attivino aree del cervello legate alla consapevolezza,
all'empatia e alla diminuzione dell'egocentrismo, suggerendo che
tali pratiche spirituali abbiano un impatto tangibile sulla struttura
e sul funzionamento del nostro cervello.

Questa prospettiva ha profonde implicazioni non solo per la
neuroscienza, che ora ha il compito di mappare come il cervello
navighi gli stati di coscienza alterati indotti dalla spiritualità, ma
anche per come comprendiamo i benefici della fede per il
benessere personale. Le ricerche indicano che l'ingaggio in
attività spirituali può essere direttamente collegato a
miglioramenti nella gestione dello stress, nella capacità di
concentrazione, nella riduzione dell'ansia e in una generale

sensazione di pace, suggerendo che questi effetti benefici possano essere il risultato di specifici cambiamenti neurali.

Tuttavia, questa comprensione porta con sé sfide significative, in quanto solleva questioni riguardanti la potenziale riduzione delle esperienze spirituali a mere funzioni cerebrali, trascurando le loro dimensioni trascendentali, simboliche e comunitarie. Nonostante ciò, offre anche un'opportunità unica per arricchire il dialogo tra scienza e spiritualità, promuovendo una comprensione più integrata e olistica della fede. L'obiettivo non è sminuire l'importanza della spiritualità ma piuttosto esplorare come le dimensioni biologiche e spirituali dell'essere umano si intreccino, offrendo una visione completa che abbraccia sia le nostre ricerche di significato che il nostro essere profondamente fisico e neurale.

In conclusione, vedere la fede come un'esperienza neurale apre nuovi orizzonti per comprendere la complessità dell'esperienza umana, suggerendo che la spiritualità, lontana dall'essere un aspetto marginale o superfluo della vita umana, è intrinsecamente legata alla nostra biologia. Questo invita a un approccio più inclusivo e comprensivo, in cui scienza e fede possono collaborare per arricchire la nostra comprensione dell'esistenza umana, promuovendo benessere e una profonda connessione con il mistero dell'essere.

- **Possibili spiegazioni scientifiche per esperienze spirituali**

L'interesse verso le possibili spiegazioni scientifiche per le esperienze spirituali riflette la curiosità umana di comprendere i fenomeni che trascendono l'ordinario, cercando di colmare il divario tra il materiale e il metafisico. Questo ambito di ricerca, che si estende attraverso diverse discipline scientifiche, ha iniziato a offrire spunti su come esperienze profondamente personali e trascendentali possano avere radici in meccanismi biologici, psicologici e neurologici.

Una delle spiegazioni si concentra sull'attività del cervello, in particolare sulle aree che regolano la percezione del sé e la consapevolezza spaziale. Studi di neuroimaging hanno mostrato che durante le esperienze spirituali, come la meditazione profonda o la preghiera intensa, si verifica una modificazione dell'attività in queste aree, portando a una sensazione di unione con qualcosa di più grande di sé stessi. Questi cambiamenti nell'attività cerebrale suggeriscono che le esperienze di trascendenza possono derivare da specifici stati neurali.

Un altro filone di ricerca esplora il ruolo dei processi psicologici nella modulazione delle esperienze spirituali. Fattori come le aspettative, il contesto culturale e la predisposizione personale possono influenzare profondamente la percezione e l'interpretazione di tali esperienze. Questo approccio suggerisce che le strutture cognitive e emotive attraverso cui elaboriamo le informazioni giocano un ruolo cruciale nel determinare come interpretiamo fenomeni che potremmo etichettare come spirituali.

Inoltre, la ricerca ha esaminato come condizioni fisiologiche specifiche o stati alterati di coscienza, indotti da pratiche come il digiuno, l'isolamento, o l'uso di sostanze psicotrope, possano facilitare esperienze che vengono percepite come spirituali. Questi stati possono amplificare o alterare la percezione sensoriale e interna, fornendo terreno fertile per esperienze che trascendono la normale consapevolezza quotidiana.

Infine, l'evoluzione biologica offre una prospettiva interessante sulle radici delle esperienze spirituali, proponendo che la tendenza umana a cercare connessioni spirituali possa avere avuto vantaggi adattivi. Ad esempio, la coesione sociale e il supporto reciproco, rafforzati dalle condivise credenze spirituali e religiose, potrebbero aver giocato un ruolo importante nella sopravvivenza e nel successo dei gruppi umani.

In sintesi, le spiegazioni scientifiche per le esperienze spirituali non cercano di sminuire la loro importanza o il loro valore personale e collettivo. Piuttosto, offrono un quadro attraverso il quale comprendere come tali esperienze siano integrate nella tessitura complessa dell'essere umano, rivelando la profondità e la ricchezza della nostra natura biologica, psicologica e spirituale.

Questa ricerca continua ad aprire nuove vie per esplorare l'intersezione tra scienza e spiritualità, arricchendo la nostra comprensione del vasto panorama dell'esperienza umana.

Storia ed Evoluzione delle Credenze nel Creatore

- **Dalle divinità della natura al monoteismo**

La transizione dalle divinità della natura al monoteismo è una svolta cruciale nella storia religiosa dell'umanità, segnando un profondo mutamento nelle credenze e nelle pratiche spirituali attraverso i millenni. Questo passaggio, che ha attraversato varie culture e civiltà, non riflette solamente un cambiamento nelle concezioni religiose ma incide anche sulle strutture sociali, sulle pratiche culturali e sulle visioni del cosmo.

Nelle epoche antiche, le divinità legate agli elementi naturali giocavano un ruolo fondamentale nel tentativo degli uomini di interpretare e influenzare l'ambiente circostante. Questi dei, incarnazioni delle forze e dei fenomeni naturali, erano al centro delle religioni politeiste, che vedevano l'universo come un luogo abitato da una pluralità di entità soprannaturali. Le interazioni con queste divinità, tramite riti e sacrifici, riflettevano una visione del mondo in cui l'uomo cercava un dialogo continuo con le forze che governavano la natura.

L'avvento del monoteismo ha introdotto una concezione radicalmente diversa, focalizzata sull'esistenza di un unico Dio onnipotente, creatore dell'universo e di tutto ciò che contiene. Questo spostamento ideologico ha portato a una nuova comprensione del rapporto tra divino e umano, basata su valori di universalità e moralità, che trascendevano le specificità locali legate al culto delle divinità naturali. La fede in un Dio unico ha anche gettato le basi per lo sviluppo di sistemi filosofici e teologici più astratti, influenzando profondamente il pensiero umano.

Il passaggio al monoteismo si è manifestato in varie parti del mondo attraverso movimenti religiosi e figure profetiche, dando vita a religioni come l'ebraismo, il cristianesimo e l'islam, che hanno posto al centro delle loro dottrine la fede in un Dio singolare. Queste tradizioni hanno enfatizzato principi di giustizia ed etica, vedendo nell'uomo un soggetto moralmente responsabile davanti a un Dio giudice.

Questo processo di transizione non è stato semplice o privo di contrasti, poiché ha spesso implicato profondi rivolgimenti sociali e politici. La sfida di conciliare le nuove credenze monoteistiche con le tradizioni politeiste preesistenti ha portato a dinamiche complesse di coesistenza, confronto e, talvolta, sincretismo.

La trasformazione dal politeismo al monoteismo illustra una delle evoluzioni più significative nella ricerca spirituale dell'umanità, incidendo profondamente non solo sulle pratiche religiose ma anche sulle configurazioni sociali, le espressioni culturali e le aspirazioni etiche. Questo cambiamento testimonia la continua interazione tra lo sviluppo religioso e il contesto storico e culturale, evidenziando la capacità delle credenze spirituali di evolvere in risposta ai mutamenti delle società umane.

- **Evoluzione storica delle religioni**

L'evoluzione storica delle religioni è un processo complesso e articolato che si snoda attraverso i millenni, riflettendo la diversità delle culture umane e le loro interazioni con l'ambiente, la società e le sfere del sapere. Questo percorso evolutivo non solo ha plasmato la spiritualità e le credenze delle varie civiltà ma ha anche influenzato profondamente le loro strutture sociali, politiche e artistiche.

Nelle fasi più antiche della storia umana, le religioni erano profondamente radicate nel rapporto dell'uomo con la natura. Le prime forme di spiritualità erano caratterizzate da un animismo in cui elementi naturali come alberi, fiumi, e rocce erano considerati dotati di spiriti o essenze divine. Questa visione del mondo riffletteva la profonda interdipendenza tra l'umanità e l'ambiente naturale, con pratiche religiose che spesso miravano a garantire la fertilità della terra, la sicurezza delle comunità e il successo della caccia.

Con l'avvento delle prime civiltà urbane in Mesopotamia, Egitto, Valle dell'Indo e Cina, si assiste a un'evoluzione delle religioni verso sistemi politeistici organizzati, con pantheon di divinità che personificavano forze naturali, principi morali e aspetti della vita sociale e politica. Queste religioni svilupparono complesse mitologie, rituali e pratiche sacerdotali, spesso legate al potere e all'autorità dei governanti, che non di rado erano considerati discendenti o rappresentanti degli dèi sulla terra.

Il periodo assiale, un concetto introdotto dal filosofo Karl Jaspers per indicare un'epoca di profonda trasformazione spirituale e filosofica tra l'800 e il 200 a.C., segna un ulteriore punto di svolta nell'evoluzione delle religioni. In diverse parti del mondo, figure profetiche e pensatori introdussero nuove idee che enfatizzavano la trascendenza, l'etica universale e la ricerca interiore. Questo periodo vide la nascita o la riforma di grandi tradizioni religiose, come l'ebraismo, il buddismo, l'induismo, il confucianesimo e il taoismo, che ancora oggi influenzano miliardi di persone.

L'era successiva è caratterizzata dall'espansione del monoteismo, in particolare attraverso il cristianesimo e l'islam, che si diffusero su vasta scala grazie anche a movimenti di conquista e al commercio. Queste religioni monoteistiche introdussero concetti di salvezza, giudizio divino e un forte senso di comunità tra i fedeli, con implicazioni profonde per le società in cui si radicarono.

Nel corso del tempo, le religioni hanno continuato a evolversi, interagendo tra loro in complessi processi di sincretismo, riforma e rivitalizzazione. L'età moderna e contemporanea ha visto l'emergere di movimenti di secolarizzazione, la nascita di nuove religioni e la diffusione di correnti spirituali che enfatizzano l'individualismo e la ricerca personale del sacro.

L'evoluzione storica delle religioni dimostra la capacità intrinseca delle tradizioni spirituali di adattarsi e rispondere ai cambiamenti culturali, sociali e intellettuali delle società umane. Questo processo continuo di trasformazione sottolinea il ruolo fondamentale della religione nella ricerca di significato, nella costruzione delle comunità e nella formazione dell'identità collettiva e individuale attraverso i secoli.

- **Il ruolo del politeismo e del monoteismo nel concetto di creatore**

Il concetto di creatore, centrale in molte tradizioni religiose, varia notevolmente tra le visioni politeiste e monoteiste, ognuna offrendo una prospettiva diversa sull'origine e il mantenimento dell'universo. Nei sistemi politeisti, come quelli dell'antica Grecia, Roma, Egitto e nelle tradizioni indù, la creazione è spesso vista come un'opera collettiva di molteplici divinità, ciascuna con specifici poteri e ambiti di influenza. Queste divinità, rappresentazioni di forze naturali o aspetti della vita umana, interagiscono tra loro in modi che riflettono la complessità e la dinamicità del mondo naturale e della società umana.

Al contrario, il monoteismo, che troviamo nel cuore di religioni come il giudaismo, il cristianesimo e l'islam, presenta la figura di un unico Dio onnipotente, responsabile della creazione di tutto l'universo. Questa visione introduce un Dio che trascende il mondo creato, enfatizzando un ordine cosmico unitario e deliberato. Questa unicità divina porta a una comprensione più astratta e universale della divinità, focalizzandosi su questioni di moralità, giustizia e il destino ultimo dell'umanità, piuttosto che sull'intervento diretto nelle vicende quotidiane.

La transizione dalle credenze politeiste a quelle monoteiste non è stata soltanto un cambiamento religioso, ma ha anche segnato profonde trasformazioni nelle strutture sociali e culturali delle società. Mentre il politeismo spesso celebra la diversità e la pluralità, il monoteismo tende a promuovere valori di unità e universalità. Questa evoluzione ha influenzato l'arte, la letteratura, le leggi e l'organizzazione politica, riflettendo e allo stesso tempo

modellando nuove concezioni di autorità, comunità e identità
individuale.

L'interazione tra queste diverse visioni del divino dimostra come
le religioni siano state e continuino ad essere un riflesso delle
ricerche umane per capire l'origine dell'esistenza e il proprio posto
nell'universo. Sia attraverso il politeismo che il monoteismo,
l'umanità ha cercato di esprimere e comprendere la complessità
della vita e del cosmo, evidenziando una continua evoluzione
nella nostra relazione con il sacro. Questo percorso storico e
culturale evidenzia la diversità delle risposte umane alle grandi
domande dell'esistenza, sottolineando la ricchezza e la profondità
della ricerca spirituale attraverso i secoli.

- **Il creatore nelle principali religioni mondiali**

Il concetto di creatore nelle principali religioni mondiali varia
notevolmente, riflettendo la diversità di vedute sulla natura
dell'universo, l'origine dell'esistenza e il ruolo degli esseri umani
all'interno della creazione. Queste visioni non solo forniscono una
cornice per la comprensione del mondo ma orientano anche i
valori, le pratiche e il senso di scopo dei fedeli.

Nell'Ebraismo

Nell'ebraismo, Dio è visto come l'unico creatore onnipotente dell'universo, un concetto espresso fin dalle prime righe della Genesi, il primo libro della Torah. La creazione è vista come un atto deliberato e amoroso di Dio, che conferisce all'uomo un ruolo speciale e la responsabilità di custodire la creazione. L'unicità di Dio e il suo rapporto convenzionale con il popolo ebraico sono centrali, sottolineando la giustizia, la moralità e l'osservanza della legge divina.

Nel Cristianesimo

Il cristianesimo condivide con l'ebraismo la credenza in un Dio creatore, ma introduce la dottrina della Trinità, in cui Dio si manifesta in tre persone: Padre, Figlio e Spirito Santo. Il Nuovo Testamento rivelato in Gesù Cristo, il Figlio di Dio fatto uomo, approfondisce l'idea della creazione come atto d'amore che invita all'adesione personale e alla comunione con Dio. La redenzione e la salvezza attraverso Gesù sono viste come il compimento del piano divino per la creazione.

Nell'Islam

L'islam enfatizza la completa sovranità di Allah come l'unico creatore di tutto ciò che esiste. Il Corano descrive Allah come estremamente misericordioso e giusto, che ha creato l'universo con precisione e per uno scopo. I musulmani credono che ogni essere umano sia responsabile del proprio comportamento, con l'obiettivo di vivere una vita in conformità con la volontà divina, come rivelato attraverso i messaggi degli ultimi profeti, da Adamo a Maometto.

Nell'Induismo

L'induismo presenta una visione più complessa e variegata della creazione, con diverse narrazioni e concezioni del creatore che coesistono. Alcune tradizioni vediche descrivono i deva come forze cosmiche responsabili di aspetti specifici della creazione. Altre correnti filosofiche, come l'Advaita Vedanta, vedono il Brahman, la realtà ultima e impersonale, come la fonte di tutto l'esistente, con l'universo che emerge come manifestazione del suo essere.

Nel Buddhismo

Il buddhismo, in generale, non si concentra sulla nozione di un creatore divino. Invece, pone l'accento sulle leggi del karma e della reincarnazione, sull'importanza della consapevolezza e sulla liberazione dal ciclo delle rinascite (samsara) attraverso il raggiungimento del nirvana. La pratica buddhista mira alla comprensione profonda della natura dell'esistenza per superare la sofferenza e l'attaccamento.

Conclusioni

Il concetto di creatore varia notevolmente tra le principali religioni mondiali, da una visione monoteista di un Dio personale e attivo nella creazione a concezioni più impersonali o filosofiche dell'origine dell'universo. Queste diverse interpretazioni offrono un ricco spettro di risposte alle domande fondamentali sull'esistenza, il significato e il fine ultimo della vita, riflettendo la diversità delle esperienze umane e delle ricerche spirituali.

- **Confronti e contrasti**

Il confronto e il contrasto tra le visioni del creatore nelle principali religioni mondiali rivelano tanto la diversità delle comprensioni spirituali quanto i punti di contatto che possono esistere tra diverse tradizioni. Queste differenze e somiglianze offrono una finestra sulla vasta gamma di interpretazioni dell'universo, dell'esistenza umana e del divino.

Somiglianze

- **Ricerca di Significato e Origine**: Nonostante le differenze teologiche, tutte le principali religioni mondiali si confrontano con le domande fondamentali riguardanti l'origine dell'universo e il posto dell'uomo al suo interno. C'è una ricerca universale di significato, che spinge l'umanità a cercare una comprensione superiore dell'esistenza.

- **Moralità e Ordine Cosmico**: La maggior parte delle religioni associa la creazione a un ordine cosmico e morale che governa l'universo. Questo ordine spesso si riflette in un codice etico che guida il comportamento umano, suggerendo che la vita viva in armonia con i principi divini o naturali porta a una maggiore realizzazione spirituale.

Contrasti

- **Natura del Creatore**: La principale differenza riguarda la natura del creatore. Nel monoteismo (ebraismo, cristianesimo, islam), Dio è un'entità singola, onnipotente e trascendente che ha creato l'universo ex nihilo (dal nulla). Nell'induismo, il concetto di creazione varia, con alcuni testi che presentano una moltitudine di divinità responsabili di diversi aspetti della creazione, mentre altri vedono il Brahman come la realtà ultima da cui tutto emerge. Il buddismo, in contrasto, non si focalizza su un creatore divino, ponendo invece l'accento sulla comprensione della natura dell'esistenza attraverso le leggi del karma e del dharma.

- **Ruolo dell'Umanità**: Anche il ruolo dell'umanità varia significativamente. Nelle tradizioni monoteiste, gli esseri umani sono spesso visti come custodi della creazione, con responsabilità morali specifiche. Nell'induismo e nel buddismo, il focus si sposta sulla comprensione del sé e sulla liberazione dal ciclo delle rinascite, con pratiche spirituali volte a realizzare la connessione con il divino o l'illuminazione.

Punti di Contatto

- **Interconnessione e Dipendenza**: Un tema comune è il riconoscimento dell'interconnessione tra tutti gli esseri e la dipendenza dall'ordine cosmico o divino. Questo si manifesta nel concetto di dharma nell'induismo, nella legge di Dio nelle religioni abramitiche e nelle pratiche di compassione e non attaccamento nel buddismo.

- **Trascendenza e Immanenza**: Mentre le religioni monoteiste enfatizzano la trascendenza di Dio, esiste anche una comprensione dell'immanenza divina, come nello Spirito Santo nel cristianesimo o nella presenza di Dio nell'islam tramite la sua parola rivelata, il Corano. Nell'induismo, Brahman è al tempo stesso trascendente e immanente, essendo la realtà ultima da cui tutto emerge e in cui tutto risiede.

Questi confronti e contrasti riflettono la ricchezza e la complessità delle risposte umane alle domande ultime dell'esistenza. Ogni tradizione offre una lente unica attraverso cui vedere il mondo, contribuendo a un mosaico più ampio di comprensione spirituale che continua a influenzare il pensiero, la cultura e la pratica umani.

- **Adattamenti e sincretismi**

Gli adattamenti e i sincretismi nelle religioni riflettono la capacità delle tradizioni spirituali di evolversi e di integrarsi l'una con l'altra, spesso in risposta a cambiamenti sociali, culturali e ambientali. Questi processi di adattamento e amalgama di credenze e pratiche da diverse tradizioni sono stati una costante nella storia delle religioni, dimostrando la flessibilità e la dinamicità della spiritualità umana.

Adattamenti Religiosi

L'adattamento religioso avviene quando una tradizione spirituale si modifica per rispondere a nuove condizioni sociali o ambientali. Questo può includere l'incorporazione di nuovi insegnamenti, l'adattamento di pratiche rituali, o l'interpretazione flessibile di testi sacri. Un esempio storico di adattamento religioso si trova nelle religioni abramitiche (giudaismo, cristianesimo, islam), che hanno evoluto le loro dottrine e pratiche in risposta a cambiamenti politici, scientifici e sociali nel corso dei secoli. Un altro esempio può essere visto nell'induismo, che ha assorbito e reinterpretato molteplici influenze culturali e religiose attraverso la sua lunga storia.

Sincretismo Religioso

Il sincretismo si verifica quando elementi di diverse tradizioni religiose si fondono per creare nuove forme di spiritualità. Questo può avvenire per via di conquiste, migrazioni, o incontri culturali. Un esempio classico di sincretismo si trova nelle religioni della Roma antica, dove gli dèi di diverse culture conquistate erano identificati con le divinità romane. Un altro esempio significativo è il vudù, che combina elementi del cristianesimo con le pratiche religiose africane portate nel Nuovo Mondo dagli schiavi.

Dinamiche di Adattamento e Sincretismo

Le dinamiche di adattamento e sincretismo sono spesso guidate dal bisogno di mantenere la rilevanza culturale e spirituale in un mondo in rapido cambiamento. Questi processi possono anche aiutare a ridurre i conflitti tra diverse comunità religiose, trovando un terreno comune o integrando aspetti di una fede nell'altra. Tuttavia, possono anche portare a tensioni all'interno delle tradizioni, poiché i puristi possono vedere il cambiamento come una deviazione dai principi fondamentali.

Impatto su Società e Cultura

Gli adattamenti e i sincretismi hanno avuto un impatto profondo sulle società e le culture in cui si sono sviluppati, influenzando l'arte, la letteratura, le norme sociali e le pratiche quotidiane. Questi processi mostrano come le religioni non siano sistemi statici e isolati, ma piuttosto entità viventi e interconnesse che rispondono e contribuiscono al tessuto più ampio della cultura umana.

In definitiva, gli adattamenti e i sincretismi nelle religioni mondiali illustrano la continua evoluzione della ricerca spirituale dell'umanità. Questi fenomeni sottolineano la capacità delle tradizioni religiose di rispondere a contesti in mutamento e di arricchirsi reciprocamente attraverso l'interazione, riflettendo la natura adattabile e interconnessa della spiritualità umana.

Implicazioni Sociali e Culturali

- **Il creatore come collante sociale**

La figura del creatore, nelle sue molteplici manifestazioni attraverso le principali religioni mondiali, svolge un ruolo cruciale non solo nella definizione delle cosmologie e delle teologie, ma anche come collante sociale che unisce individui e comunità in un tessuto condiviso di credenze, valori e pratiche. Questa concezione trascendente, che varia dall'idea di un Dio personale e onnipotente a principi più astratti o impersonali di origine e ordine universale, fornisce una base comune per l'identità collettiva, la moralità e il senso di appartenenza.

La credenza in un creatore offre una narrazione comune sull'origine dell'universo e sul posto dell'umanità al suo interno, offrendo risposte a domande fondamentali che trascendono le differenze individuali. Questa narrazione comune aiuta a forgiare un senso di unità tra i fedeli, promuovendo la coesione sociale attraverso rituali condivisi, festività e pratiche di culto che rafforzano i legami comunitari e la solidarietà.

Inoltre, il concetto di creatore funge da fondamento per i sistemi morali e le leggi che governano le società. Le norme etiche derivate dalle credenze religiose influenzano il comportamento sociale, l'etica del lavoro, le interazioni familiari e le strutture di potere, fungendo da guida per la condotta giusta e fornendo un meccanismo per la regolamentazione sociale e il controllo. In molti casi, la figura del creatore è invocata come autorità ultima in questioni di giustizia e moralità, offrendo una base per l'ordine sociale e la risoluzione dei conflitti.

La spiritualità condivisa intorno alla figura del creatore può anche facilitare il superamento delle divisioni sociali, economiche e razziali, promuovendo un senso di uguaglianza fondamentale tra gli esseri umani. La nozione che tutti gli individui siano creati da un'unica fonte divina può contribuire a ridurre le barriere tra diversi strati della società, incoraggiando l'empatia, la compassione e l'impegno reciproco.

Tuttavia, la centralità del creatore come collante sociale può anche portare a tensioni e conflitti, specialmente quando diverse interpretazioni della volontà divina o del messaggio del creatore entrano in competizione. La storia è costellata di esempi in cui la religione è stata sia una forza per l'unificazione che un motivo di divisione, dimostrando come la spiritualità condivisa possa essere sia un potente strumento di coesione sia un punto di frattura.

In sintesi, la figura del creatore nelle religioni mondiali agisce come un potente collante sociale, fornendo una struttura comune di credenze e valori che unisce le persone in comunità coese. Questa funzione sociale della religione evidenzia il ruolo complesso e multi-faccettato che la spiritualità gioca nelle società umane, agendo come forza di unione, fonte di moralità condivisa e, talvolta, come campo di tensione.

- **Norme, valori e leggi basati sulla fede**

Le norme, i valori e le leggi basati sulla fede plasmano profondamente il comportamento individuale e la coesione delle comunità, influenzando anche le strutture giuridiche e le politiche a livello globale. Questi principi derivati dalle convinzioni religiose orientano le scelte quotidiane delle persone, incoraggiando comportamenti come la generosità, l'onestà e l'impegno civico, e offrendo conforto e speranza nei momenti di difficoltà. La vita comunitaria, arricchita da valori e rituali condivisi, promuove il senso di appartenenza, la cooperazione e l'impegno collettivo verso il bene comune, evidenziando l'importanza della fede come fondamento per l'armonia sociale e il supporto reciproco.

Parallelamente, i valori spirituali hanno lasciato un'impronta indelebile sulle leggi e le politiche di numerose nazioni, dove principi di giustizia, dignità umana e benessere collettivo, radicati nelle tradizioni religiose, continuano a influenzare il dibattito pubblico e la legislazione. Anche in contesti caratterizzati da una chiara separazione tra istituzioni statali e religiose, l'eco dei valori basati sulla fede si fa sentire, contribuendo a modellare una società più giusta e inclusiva.

Tuttavia, questo intreccio tra fede, etica e legge non è esente da sfide, specialmente quando diverse interpretazioni delle dottrine religiose si scontrano con valori secolari o con le convinzioni di altre comunità di fede. Queste tensioni richiedono un equilibrio delicato e un dialogo continuo per garantire che la diversità di credenze sia rispettata, promuovendo al contempo una convivenza armoniosa e il rispetto dei diritti universali.

L'influenza delle norme, valori e leggi basati sulla fede sul tessuto sociale e culturale dimostra il potere della religione di unire e dividere, di ispirare azioni positive e di sollevare questioni complesse. Questa dinamica sottolinea l'importanza di esplorare e comprendere le diverse tradizioni religiose, non solo per apprezzare la ricchezza della spiritualità umana ma anche per navigare le sfide della coesistenza in un mondo sempre più interconnesso e pluralistico.

- **Il ruolo della credenza nella coesione della comunità**

La credenza gioca un ruolo cruciale nel cementare la coesione all'interno delle comunità, agendo come un collante sociale che lega le persone attraverso un insieme condiviso di valori, tradizioni e un profondo senso di appartenenza. Questo legame spirituale, radicato nella fede comune, non solo fortifica l'identità collettiva, ma facilita anche la collaborazione e l'assistenza reciproca tra i membri, aiutandoli a superare insieme le sfide.

Valori e principi etici, derivanti dalle credenze religiose, orientano le azioni quotidiane verso il bene della comunità, promuovendo comportamenti che riflettono rispetto e comprensione reciproci. La partecipazione a rituali e celebrazioni rafforza ulteriormente questo senso di unità, offrendo momenti per riaffermare l'impegno condiviso verso i principi comuni e rinnovare i legami sociali.

La rete di supporto che nasce all'interno delle comunità di fede è fondamentale, fornendo aiuto materiale, guida spirituale e conforto nei momenti difficili. Questo strato di sicurezza contribuisce significativamente al benessere individuale e collettivo, rafforzando i legami comunitari.

Tuttavia, le divergenze nelle interpretazioni delle dottrine o nelle pratiche possono generare tensioni, sia all'interno delle comunità che tra comunità diverse. Affrontare queste sfide richiede un approccio inclusivo, dialogo aperto e un impegno costante verso la comprensione e l'accettazione reciproca, per mantenere l'armonia e la coesione sociale.

In definitiva, la fede svolge un ruolo significativo nel tessere il tessuto della vita comunitaria, offrendo strumenti per rafforzare l'identità condivisa e promuovere la solidarietà. Attraverso valori comuni, pratiche condivise e reti di supporto, le comunità basate sulla fede costruiscono fondamenta resilienti che sostengono i loro membri, evidenziando il potere della spiritualità nell'unire le persone.

- **Fede, cultura e identità**

La fede, intrecciata strettamente con la cultura e l'identità, funge da pilastro fondamentale nel modellare le percezioni del mondo, le relazioni sociali e il senso di sé degli individui. Questo complesso legame contribuisce non solo a definire le tradizioni e i valori di una comunità ma anche a plasmare le narrazioni personali e collettive che guidano l'interpretazione della realtà e la navigazione delle esperienze di vita.

La fede, arricchita e espressa attraverso pratiche culturali specifiche, celebrazioni e linguaggi, fornisce un contesto in cui i valori e le norme vengono trasmessi di generazione in generazione, rafforzando il tessuto sociale e l'appartenenza a una comunità. Le storie, i miti e i riti religiosi non solo offrono spiegazioni sulle origini dell'universo e sul posto dell'uomo al suo interno ma stabiliscono anche un codice etico e comportamentale che influisce sulle decisioni quotidiane.

L'identità individuale e collettiva è profondamente influenzata dalla fede, che agisce come una lente attraverso cui gli individui vedono sé stessi e il loro ruolo nel mondo. La fede può ispirare un senso di scopo e direzione, influenzando le aspirazioni, le scelte di vita e il modo in cui gli individui si relazionano con gli altri.

Allo stesso tempo, la fede può essere una fonte di conforto nei momenti di difficoltà, offrendo una roccaforte spirituale e un senso di continuità attraverso i cambiamenti della vita.

Tuttavia, la relazione tra fede, cultura e identità può anche essere fonte di tensione, specialmente in contesti multiculturali e multireligiosi, dove diverse convinzioni e pratiche si incontrano e interagiscono. La sfida di mantenere la propria identità religiosa e culturale, pur essendo aperti al dialogo e alla comprensione interculturale, richiede una navigazione attenta e riflessiva. La capacità di riconoscere e celebrare la diversità religiosa e culturale, rispettando al contempo le differenze, è cruciale per costruire società inclusive e armoniose.

In sintesi, la fede interagisce strettamente con la cultura e l'identità per creare un ricco tessuto di significati, valori e pratiche che definiscono comunità e individui. Questo intreccio non solo arricchisce la vita sociale e spirituale ma pone anche le basi per la comprensione reciproca e il rispetto in un mondo sempre più connesso e diversificato. La fede, come espressione della ricerca umana di significato, continua a giocare un ruolo essenziale nel plasmare le società, influenzando profondamente come le persone interpretano la loro esistenza e interagiscono l'una con l'altra.

- **Religione e nazionalismo**

La relazione tra religione e nazionalismo è complessa e multisfaccettata, con profonde radici storiche e significative implicazioni per le società contemporanee. Questo legame può fungere sia da forza unificante che divisiva, influenzando profondamente l'identità nazionale, la coesione sociale e le dinamiche politiche.

La religione, come sistema di credenze e valori condivisi, ha spesso fornito un potente strumento di costruzione dell'identità nazionale, offrendo simboli, narrazioni e tradizioni che rafforzano il senso di appartenenza e unità tra i membri di una nazione. In molti casi, le figure religiose, i miti fondativi e le festività sacre sono intrecciati con la storia e la cultura nazionale, diventando pilastri dell'identità collettiva e veicoli attraverso cui si esprime il nazionalismo.

In contesti storici specifici, la religione è stata utilizzata per giustificare la formazione di stati nazione, sostenere movimenti di indipendenza o promuovere l'unità nazionale in opposizione a poteri coloniali o occupanti. La narrazione di un destino comune guidato da principi divini può rafforzare la solidarietà tra i cittadini e legittimare le aspirazioni politiche e territoriali di un popolo.

Tuttavia, la stretta associazione tra religione e nazionalismo può anche generare tensioni e conflitti, specialmente in società multireligiose o in contesti in cui diverse identità nazionali o etniche competono per la legittimità e il potere. L'uso esclusivista della religione come fondamento dell'identità nazionale può marginalizzare i gruppi minoritari, alimentare l'intolleranza e ostacolare gli sforzi di integrazione e di pace.

Il nazionalismo religioso, dove la fede diventa un criterio chiave di appartenenza nazionale e un motore di politica interna ed estera, può portare a politiche escludenti e a volte a giustificare azioni violente. Questo fenomeno si manifesta in diverse forme in tutto il mondo, con movimenti che cercano di riaffermare l'identità nazionale attraverso principi religiosi, spesso in risposta a percezioni di minaccia culturale o politica.

Nonostante queste sfide, esistono anche esempi di come la religione possa contribuire a promuovere il dialogo interculturale e la riconciliazione nazionale. Iniziative interreligiose e ecumeniche possono offrire spazi per la comprensione reciproca e la costruzione di una visione condivisa di nazione che rispetti la diversità religiosa e culturale.

In conclusione, la relazione tra religione e nazionalismo continua a essere un fattore significativo nella configurazione delle società e nella geopolitica globale. La capacità di navigare questo rapporto complesso, valorizzando il potenziale unificante della fede pur affrontando i rischi di divisione e conflitto, rappresenta una sfida cruciale per costruire società inclusive, pacifiche e resilienti.

- **Spiritualità personale vs. identità collettiva**

La dinamica tra spiritualità personale e identità collettiva riflette uno degli equilibri più sfidanti e arricchenti nell'ambito della vita spirituale. Da un lato, la spiritualità personale permette agli individui di intraprendere un viaggio interiore unico, esplorando il significato e la connessione trascendente in modi che risuonano profondamente con le loro esperienze e convinzioni personali. Questa ricerca individuale può includere una varietà di pratiche come la meditazione, la contemplazione solitaria, lo studio autonomo di testi sacri o la partecipazione a ritiri spirituali, consentendo una profonda personalizzazione del percorso spirituale.

Dall'altro lato, l'identità collettiva trae forza dall'appartenenza a una comunità di fede condivisa, dove le tradizioni, i riti e i valori comuni creano un tessuto di relazioni e significati che sostiene i membri della comunità. Questo senso di appartenenza fornisce non solo una guida e una struttura ma anche un contesto per vivere e celebrare la spiritualità in comunione con altri, rafforzando i legami sociali e trasmettendo le credenze attraverso le generazioni.

Il punto di tensione tra queste due dimensioni emerge quando la ricerca spirituale personale si scontra o si discosta dalle norme e dagli insegnamenti della comunità. Questo può sollevare interrogativi riguardo alla libertà di espressione spirituale e al ruolo delle istituzioni religiose nel guidare o limitare questa espressione. Tuttavia, esiste anche un potenziale di sinergia incredibile, dove le intuizioni personali possono arricchire e rinnovare la vita comunitaria, e dove la comunità può offrire un terreno fertile per la condivisione e la crescita spirituale individuale.

Navigare tra spiritualità personale e identità collettiva richiede quindi un dialogo aperto, rispetto reciproco e una volontà di ascolto. Trovare un equilibrio consente agli individui di arricchire la propria vita spirituale con le risorse e il sostegno della comunità, mentre contribuiscono al rinnovamento e alla vitalità della tradizione condivisa con le proprie esperienze e scoperte personali. Questo equilibrio dinamico offre una via verso una spiritualità che è al tempo stesso profondamente personale e radicata in una ricca tessitura di relazioni e significati collettivi, celebrando la diversità delle esperienze spirituali all'interno dell'unità della comunità.

Critiche e Contrapposizioni

- **Vedute atee e agnostiche**

Le vedute atee e agnostiche rappresentano approcci significativi al discorso sulla spiritualità, offrendo prospettive che si discostano dalle tradizionali concezioni religiose e teistiche. Entrambe le visioni si confrontano con le grandi domande dell'esistenza, della moralità e del significato, pur adottando punti di partenza e conclusioni che differiscono sostanzialmente da quelli proposti dalle religioni organizzate.

L'ateismo, nella sua essenza, nega l'esistenza di divinità o entità soprannaturali, basandosi su una visione del mondo che enfatizza la razionalità, l'evidenza empirica e il metodo scientifico come mezzi per comprendere l'universo. Gli atei possono avvicinarsi alle questioni di significato, scopo e moralità attraverso filosofie umanistiche e razionalistiche, sostenendo che valori come la compassione, l'equità e la giustizia possono essere coltivati indipendentemente da credenze teistiche. In questo contesto, la vita viene spesso vista come un fenomeno intrinsecamente prezioso, con l'obiettivo di massimizzare il benessere individuale e collettivo nel corso dell'esistenza terrena.

L'agnosticismo, d'altro canto, mantiene una posizione di apertura e incertezza riguardo all'esistenza di divinità, sottolineando i limiti della conoscenza umana e la difficoltà di raggiungere conclusioni definitive su questioni che trascendono l'esperienza empirica. Gli agnostici possono variare ampiamente nelle loro convinzioni personali e pratiche spirituali, con alcuni che inclinano verso atteggiamenti più religiosi o spirituali e altri che si avvicinano più strettamente all'ateismo. L'agnosticismo invita a un'esplorazione continua e a una riflessione sulle domande esistenziali, promuovendo un dialogo aperto e un'indagine critica sulle diverse concezioni del divino e del significato della vita.

Entrambe queste prospettive offrono contributi importanti al dibattito sulla spiritualità e l'identità, invitando a considerare la diversità delle esperienze umane e delle riflessioni sulle grandi questioni della vita. Le vedute atee e agnostiche, pur sfidando le tradizioni religiose stabilite, arricchiscono il tessuto della ricerca spirituale con la loro enfasi sull'indagine critica, l'autonomia morale e la valorizzazione dell'esperienza umana concreta.

La coesistenza di vedute atee, agnostiche e religiose in una società pluralistica sottolinea l'importanza del dialogo interculturale e della tolleranza, riconoscendo che la diversità di credenze e pratiche può costruire un mosaico più ricco di comprensione e rispetto reciproco. Questa varietà di approcci alla spiritualità e alla religione evidenzia la continua esplorazione dell'umanità dei misteri dell'esistenza, del significato e della connessione in un universo vasto e complesso.

- **Argomentazioni contro l'esistenza di un creatore**

Le argomentazioni contro l'esistenza di un creatore si articolano attraverso diversi filoni di pensiero, spesso radicati in considerazioni filosofiche, scientifiche e teologiche. Queste argomentazioni cercano di mettere in discussione le basi delle credenze teistiche, proponendo spiegazioni alternative sull'origine dell'universo, la complessità della vita e la natura della moralità. Ecco alcune delle principali argomentazioni presentate in questo dibattito.

Argomentazioni Filosofiche

1. **Problema del Male**: Una delle argomentazioni più note contro l'esistenza di un Dio onnipotente e benevolo è il problema del male. Questo argomento solleva la questione di come possa esistere il male in un mondo creato da un Dio perfettamente buono. La presenza di sofferenza, ingiustizia e dolore sembra contraddire l'idea di un creatore onnisciente, onnipotente e infinitamente benevolo.

2. **Occam's Razor (Il Rasoio di Occam)**: Questo principio filosofico suggerisce che non si dovrebbero moltiplicare le entità oltre la necessità. Applicato al dibattito sull'esistenza di Dio, suggerisce che l'universo può essere spiegato senza invocare l'esistenza di un creatore soprannaturale, preferendo le spiegazioni che richiedono meno ipotesi.

Argomentazioni Scientifiche

1. **Teoria del Big Bang e Evoluzione**: Le scoperte scientifiche relative all'origine dell'universo e allo sviluppo della vita attraverso la teoria dell'evoluzione forniscono spiegazioni naturalistiche che non richiedono l'intervento di un creatore. Il Big Bang, ad esempio, è comunemente inteso come l'inizio dell'universo così come lo conosciamo, basato su evidenze osservabili e teorie fisiche, mentre la teoria dell'evoluzione di Darwin spiega la diversità della vita mediante processi naturali come la selezione naturale.

2. **L'assenza di prove empiriche**: Un'altra argomentazione si basa sull'assenza di prove empiriche dirette dell'esistenza di un creatore. Gli scettici sostengono che, in assenza di prove osservabili e misurabili, la credenza in un Dio risulta non giustificabile scientificamente.

Argomentazioni Teologiche

1. **Contraddizioni e Discrepanze nei Testi Sacri**: Alcuni critici si concentrano su contraddizioni, discrepanze e insegnamenti moralmente discutibili presenti nei testi sacri, sostenendo che questi difetti mettono in dubbio la divinità o l'infallibilità di tali testi e, per estensione, l'esistenza di un creatore perfetto che li avrebbe ispirati.

2. **La sfida dell'ateismo pratico**: Alcuni filosofi e teologi sostengono che vivere in un mondo senza un creatore non cambia la necessità di cercare significato, moralità e scopo. Questa prospettiva sottolinea come l'umanità possa costruire sistemi etici robusti e trovare significato nell'esistenza umana senza fare affidamento sulla figura di un creatore.

Queste argomentazioni rappresentano solo una parte del più ampio dibattito sull'esistenza di un creatore, riflettendo la varietà di approcci e prospettive attraverso cui le persone esplorano le grandi domande dell'esistenza e del cosmo. Mentre il dibattito continua, la diversità di opinioni sull'argomento sottolinea la complessità della ricerca umana di comprensione e significato.

- **Agnosticismo come via di mezzo**

L'agnosticismo si posiziona in una fascia di mezzo nel dibattito sull'esistenza di un creatore, oscillando tra la convinzione teistica e la negazione atea, e rappresenta una riflessione profonda sulle questioni ultime dell'esistenza. Questo approccio accetta l'idea che la comprensione umana possa non essere sufficiente per affrontare domande così profonde come l'esistenza di Dio, optando per una posizione di incertezza consapevole piuttosto che di certezza indimostrabile. L'agnosticismo, quindi, incoraggia un'esplorazione aperta e rispettosa delle varie convinzioni e delle scoperte scientifiche, sottolineando il valore del dubbio e della ricerca continua.

In questo contesto, l'agnosticismo diventa un terreno fertile per il dialogo tra la ricerca spirituale e l'indagine razionale, ponendo le basi per un'esplorazione che rispetta tanto le tradizioni religiose quanto i progressi della scienza. La modernità ha portato sfide significative alle concezioni tradizionali del divino, con le scoperte scientifiche che offrono nuove prospettive sull'origine dell'universo e sulla complessità della vita. Di fronte a questi sviluppi, l'agnosticismo propone un equilibrio che accoglie sia l'ammirazione per il mondo naturale sia la ricerca di un significato che superi le spiegazioni puramente materiali.

Guardando al futuro, l'agnosticismo suggerisce la possibilità di un nuovo paradigma in cui fede e scienza non sono in conflitto, ma dialogano in modo costruttivo, permettendo una visione dell'esistenza che accoglie sia la conoscenza empirica sia il senso del mistero. Questa prospettiva invita a una comprensione più stratificata dell'universo e del nostro posto in esso, promuovendo un approccio alla spiritualità e alla conoscenza che valorizza sia la domanda che la risposta, nel continuo sforzo umano di trovare significato e connessione in un universo vasto e complesso.

- **Dialogo tra fede e razionalismo**

Il dialogo tra fede e razionalismo si rivela un terreno di incontro fra due modi profondamente diversi di interpretare l'esistenza, ciascuno con il suo valore e le sue limitazioni. Da una parte, la fede abbraccia il mistero e la trascendenza, offrendo risposte alle domande ultime sulla vita, l'universo e tutto quanto, basandosi sull'esperienza personale e sul senso del sacro. Dall'altra, il razionalismo poggia sulle fondamenta della logica, dell'empirismo e del metodo scientifico, perseguendo la conoscenza attraverso l'indagine critica e la verifica delle ipotesi.

Questi due approcci, pur sembrando in antitesi, possono in realtà coesistere e arricchirsi a vicenda. La fede può ispirare il senso di meraviglia e la ricerca di un significato che trascende le spiegazioni materiali, mentre il razionalismo offre gli strumenti per navigare il mondo con occhi critici, esaminando le credenze e promuovendo una comprensione basata su prove e ragionamento.

Il confronto tra questi due mondi non è esente da tensioni, specialmente quando le convinzioni religiose si scontrano con le evidenze scientifiche, o quando il pensiero razionale sembra negare l'importanza delle esperienze spirituali. Tuttavia, questo dialogo apre la strada a un'esplorazione congiunta delle domande fondamentali dell'esistenza, incoraggiando sia una fede riflessiva e informata sia una razionalità che riconosce i limiti della conoscenza e l'importanza dell'esperienza umana.

Promuovere un dialogo costruttivo tra fede e razionalismo significa abbracciare una visione dell'esistenza che valorizza sia le dimensioni empiriche sia quelle trascendenti, riconoscendo che la verità può manifestarsi in molteplici forme. Questa interazione offre la possibilità di costruire un paradigma integrato, dove le domande di fede ispirano la ricerca scientifica e le scoperte razionali arricchiscono la comprensione spirituale, guidandoci in un viaggio condiviso verso la comprensione della complessità dell'universo e del nostro posto al suo interno.

- **Sfide contemporanee al concetto di creatore**

Le sfide contemporanee al concetto di creatore emergono da vari ambiti, tra cui progressi scientifici, riflessioni filosofiche e cambiamenti socioculturali, tutti contribuendo a un dibattito sempre più complesso e sfaccettato sull'esistenza e la natura di un'entità creatrice.

I progressi nella scienza, in particolare in campi come l'astronomia, la biologia evolutiva e la neuroscienza, offrono spiegazioni naturalistiche per fenomeni che un tempo erano attribuiti all'intervento divino. La teoria del Big Bang, ad esempio, fornisce un modello dell'origine dell'universo che si basa su principi fisici, mentre la teoria dell'evoluzione di Darwin spiega la diversità della vita senza necessità di ricorrere a un creatore. Questi sviluppi sollevano interrogativi sulla necessità di un creatore nel contesto della creazione e del mantenimento dell'universo.

Dal punto di vista filosofico, l'incremento del pensiero secolare e umanistico ha messo in discussione la centralità e l'esistenza di un creatore. La riflessione critica sull'esistenza di Dio, i problemi del male e della sofferenza nel mondo, e il dibattito sull'origine dell'universo e della coscienza umana alimentano un esame continuo delle basi stesse del teismo.

Culturalmente, l'incremento della pluralità e della globalizzazione ha esposto le società a una vasta gamma di credenze e pratiche spirituali, ampliando la comprensione dell'esistenza umana oltre i confini delle tradizioni monoteistiche. Questa diversità ha stimolato un dialogo interreligioso e interculturale che, pur arricchendo la comprensione reciproca, mette in discussione l'universalità e l'esclusività di qualsiasi concetto singolare di creatore.

Socialmente, la crescente enfasi sull'individualismo e sull'autodeterminazione sfida l'idea di un'autorità divina che guida il destino umano. L'aspirazione a una maggiore autonomia personale e alla libertà di scelta in materie di fede e morale contrasta con le concezioni tradizionali di un Dio creatore che determina leggi e principi assoluti.

Queste sfide non significano necessariamente la fine della fede nel concetto di un creatore per tutti. Invece, invitano a un'esplorazione più profonda e a una comprensione più matrice della spiritualità e della divinità, incoraggiando sia credenti sia scettici a esaminare come le antiche narrazioni su Dio si adattino o evolvano nel contesto della modernità. La risposta a queste sfide può portare a una fede più riflessiva e informata, a un'apertura verso nuove forme di spiritualità, o a un rinnovato apprezzamento per il mistero e la meraviglia dell'esistenza, indicando un percorso di continua ricerca e dialogo nella comprensione dell'universo e del posto dell'umanità al suo interno.

- **Il futuro della credenza in un'era scientifica**

Nell'era scientifica, il futuro della credenza si delinea come un terreno di interazione dinamica tra le scoperte scientifiche e le indagini spirituali, dove entrambi i campi possono offrire prospettive uniche sull'esistenza umana e l'universo. Mentre la scienza avanza nel disvelare i meccanismi dell'universo, dalla complessità della vita sulla Terra alle profondità dello spazio cosmico, la spiritualità continua a esplorare le dimensioni del significato, dello scopo e della trascendenza che superano le spiegazioni puramente fisiche.

Si prospetta una maggiore integrazione tra scienza e spiritualità, in cui la conoscenza empirica e la ricerca di un senso più ampio della vita possono coesistere in armonia. Questa convergenza potrebbe sfidare i tradizionali concetti di fede basati su interpretazioni letterali e dogmatiche, spingendo verso una comprensione più flessibile e aperta che accoglie le verità scientifiche senza rinunciare alla ricerca spirituale.

Parallelamente, è probabile che emergano e si consolidino forme di spiritualità e di ricerca personale che dialogano con la visione scientifica del mondo, spaziando dalla meditazione alla connessione con la natura, riflettendo un desiderio diffuso di vivere esperienze spirituali in modi che rispettino il rigore scientifico.

La vitalità del dialogo tra comunità religiose e scientifiche sarà cruciale per il futuro della credenza. Creare spazi comuni dove esporre dubbi, condividere scoperte e nutrire la speranza potrà favorire una cultura di rispetto reciproco e curiosità condivisa, arricchendo sia la vita spirituale che la ricerca scientifica.

In questo scenario, la credenza si evolve in un contesto in cui la scienza e la spiritualità non si escludono a vicenda ma si considerano alleate nella comprensione della realtà. Questo approccio apre a una visione dell'esistenza che valorizza la profondità e la complessità del mondo naturale e delle esperienze umane, suggerendo un avvenire in cui la ricerca di conoscenza e la ricerca di significato procedono insieme, illuminando il cammino verso una comprensione più ricca e sfumata della vita e dell'universo.

Conclusione

- **Riepilogo degli argomenti trattati**

Nel concludere questo libro, abbiamo intrapreso un viaggio attraverso la vastità delle interpretazioni umane sull'universo e la nostra ricerca incessante di comprensione. Abbiamo esplorato come diverse culture e tradizioni in tutto il mondo concepiscono l'idea di un creatore, riflettendo sulla varietà di narrazioni che ci aiutano a dare un senso all'esistenza. Abbiamo visto come la spiritualità e la scienza, due sfere di pensiero spesso considerate in conflitto, possono in realtà arricchirsi e informarsi reciprocamente, offrendoci una visione più completa della realtà.

Questo dialogo tra fede e razionalismo ci invita a considerare un nuovo paradigma, uno in cui non dobbiamo scegliere tra il cuore e la mente ma possiamo invece utilizzare entrambi per esplorare le profondità dell'universo e del significato umano. Riflettendo su questo, siamo invitati a immaginare un futuro in cui la nostra ricerca di conoscenza e significato possa unire le persone in una comprensione condivisa, celebrando la diversità delle nostre esperienze e credenze mentre continuiamo a cercare risposte alle domande più profonde della vita.

In ultima analisi, la nostra esplorazione ci porta verso un nuovo paradigma di fede e scienza, uno in cui possiamo riconoscere e apprezzare il valore unico che ciascuna prospettiva porta alla nostra comprensione collettiva. Questo approccio integrato non solo arricchisce la nostra conoscenza ma rafforza anche il tessuto della nostra comunità globale, incoraggiandoci a guardare oltre le divisioni superficiali verso una collaborazione più profonda e significativa nella nostra continua ricerca di verità e significato.

- **La ricerca eterna umana per comprendere l'universo**

La ricerca eterna umana per comprendere l'universo si intreccia intimamente con le profondità della cosmologia e le rivoluzionarie teorie scientifiche che cercano di svelare le origini e la struttura dell'universo. Questa indagine, radicata tanto nelle antiche narrazioni cosmogoniche quanto nelle moderne interpretazioni del Big Bang, rappresenta un punto d'incontro unico tra scienza, filosofia e spiritualità, ognuna contribuendo a un dialogo più ampio sulla natura dell'esistenza e il nostro posto nel cosmo.

La cosmologia scientifica, con il suo approccio basato sui principi della fisica, ha portato a comprensioni significative riguardo all'ordine intrinseco e al caos apparente dell'universo, rivelando un cosmo regolato da leggi fisiche precise. Tali scoperte, supportate da osservazioni astronomiche e esperimenti dettagliati, hanno non solo ampliato il nostro orizzonte di conoscenza ma hanno anche alimentato riflessioni profonde sull'origine e l'evoluzione dell'universo.

Parallelamente, la relazione tra scienza e religione ha navigato attraverso conflitti e momenti di ispirazione reciproca, con molti che cercano vie di coesistenza. La tensione tra le spiegazioni religiose e scientifiche dell'origine dell'universo invita a un dialogo che consideri prospettive complementari, ciascuna con il proprio ambito di domande e risposte. Questo dialogo si arricchisce ulteriormente nel XXI secolo con il crescente interesse per la neuroteologia, suggerendo che la spiritualità possa essere intrinsecamente legata alla biologia umana, forse radicata nella struttura stessa del nostro cervello.

In questo contesto, la cosmologia non solo continua a ispirare l'umanità nella sua ricerca di significato ma offre anche uno spazio dove scienza e spiritualità possono convergere. Questa interazione non solo arricchisce entrambe le prospettive ma invita anche a un'esplorazione continua che supera i confini della conoscenza attuale, alla ricerca di una comprensione più integrata e olistica della realtà.

La teoria del Big Bang, in particolare, fornisce una base solida per comprendere l'origine e l'evoluzione dell'universo, supportata da prove come la radiazione cosmica di fondo e la distribuzione a grande scala delle galassie. Inoltre, le indagini sull'universo si estendono oltre il Big Bang, esplorando questioni fondamentali come la materia oscura, l'energia oscura e il concetto di multiverso, stimolando discussioni che potrebbero un giorno ampliare radicalmente la nostra comprensione della realtà.

In conclusione, la nostra ricerca eterna per comprendere l'universo, alimentata da una curiosità insaziabile e una sete di conoscenza, ci porta a riflettere non solo sulle origini cosmiche ma anche sul nostro posto nel vasto cosmo. La scienza moderna, con le sue teorie e indagini, non ci offre solo spiegazioni su come l'universo possa aver avuto origine e come si sia evoluto, ma ci spinge anche a contemplare la natura stessa della realtà e il nostro ruolo all'interno di essa.

- **Riflessioni finali: verso un nuovo paradigma di fede e scienza**

In queste riflessioni finali, ci avviciniamo alla soglia di un nuovo paradigma di fede e scienza, un confine inesplorato che promette di ridefinire il nostro modo di percepire l'universo e il nostro posto al suo interno. Questo nuovo paradigma non vede fede e scienza come antagoniste, ma come due vie complementari di ricerca e comprensione, ciascuna con i propri metodi e domini, ma entrambe indispensabili per una comprensione olistica della realtà.

La fede, con le sue radici nell'esperienza umana, nella tradizione e nel senso del sacro, ci offre una prospettiva sulla dimensione trascendente dell'esistenza, sul significato e sullo scopo che trascendono le capacità della pura ragione o dell'indagine empirica. D'altro canto, la scienza, con il suo impegno per l'indagine rigorosa, l'osservazione e l'esperimento, ci fornisce strumenti potenti per esplorare la struttura dell'universo, le leggi della natura e i meccanismi sottostanti alla vita e alla coscienza.

L'integrazione di fede e scienza in un nuovo paradigma invita a superare le vecchie dicotomie e a riconoscere che la nostra ricerca di comprensione e significato può essere arricchita da entrambe. Ci spinge a considerare la possibilità che la spiritualità e l'indagine scientifica, piuttosto che essere in conflitto, possano informarsi e sostenersi a vicenda, ampliando la nostra visione del mondo e approfondendo la nostra comprensione della condizione umana.

Un tale paradigma non solo accoglie le scoperte scientifiche e le profondità della fede, ma incoraggia anche un dialogo aperto e rispettoso tra diverse visioni del mondo, promuovendo un senso di meraviglia e umiltà di fronte all'immensità dell'universo e alla complessità della vita. Riconosce che, nonostante i nostri migliori sforzi, ci sono misteri che rimangono oltre la portata della scienza e domande esistenziali che richiedono una riflessione che va oltre i dati empirici.

Verso un nuovo paradigma di fede e scienza, ci avventuriamo con speranza, consapevoli che il nostro viaggio congiunto verso la comprensione e la saggezza è infinito. In questo percorso, la nostra aspirazione non è solo di accumulare conoscenza, ma di tessere insieme le diverse filosofie di vita in un arazzo che celebra la diversità delle esperienze umane e la ricchezza della nostra comune ricerca di verità, bellezza e significato.

www.ingramcontent.com/pod-product-compliance
Lightning Source LLC
Chambersburg PA
CBHW060751260726
48660CB00002B/567